Bach · Geistigbehindertenpädagogik

Professor Dr. Heinz Bach

Geistigbehindertenpädagogik

EDITION MARHOLD
IM WISSENSCHAFTSVERLAG VOLKER SPIESS

Die Deutsche Bibliothek – CIP-Einheitsaufnahme

Bach, Heinz:
Geistigbehindertenpädagogik / Heinz Bach. – 14. Aufl. – Berlin:
Ed. Marhold im Wiss.-Verl. Spiess, 1993
   ISBN 3-89166-366-8

14. Auflage

© 1993 Edition Marhold im
Wissenschaftsverlag Volker Spiess GmbH, Berlin
Druck: WB-Druck, Rieden
ISBN 3-89166-366-8

Vorwort

Dieses Buch ist voll konzentriert auf den pädagogischen Aspekt der Betreuung des geistig behinderten Kindes und Jugendlichen. Wenn also hier die fundamentale Bedeutung der medizinischen und sozialen Aspekte nur am Rande erörtert wird, so geschieht das, um zu vermeiden, daß durch sie die eigentliche pädagogische Fragestellung überlagert, verschoben oder übersehen wird.

In dem Bemühen um Ansätze einer Theorie der Erziehung Geistigbehinderter werden Gegebenheiten und Aufgaben aus Prinzipien verständlich zu machen und zu begründen versucht. Im wesentlichen werden dabei vier Thesen als Fundamente der Geistigbehindertenpädagogik vorgetragen:

1. die bedingte Vergleichbarkeit der seelisch-geistigen Situation des Geistigbehinderten mit der seelisch-geistigen Situation wesentlich jüngerer nicht geistig behinderter Kinder,

2. die Abhängigkeit einer Vielzahl seelischer Bereiche von der geistigen Behinderung,

3. die Unterscheidbarkeit zwischen den durch die geistige Behinderung bedingten Zügen im Gesamtverhalten des Geistigbehinderten und zusätzlichen, durch unzweckmäßige Erziehung bedingten Persönlichkeitszügen,

4. die besondere gegenseitige Angewiesenheit institutioneller und häuslicher Bemühungen bei der Erziehung des Geistigbehinderten.

Diese Thesen sowie verschiedene Einzelfragen, die mit ihnen in Zusammenhang stehen, wurden bereits in den vergangenen Jahren in Vorlesungen und Referaten mehrfach vorgetragen bzw. in Zeitschriften und Handbüchern veröffentlicht. Auf vielfaches Drängen hin werden sie nun hier in überarbeiteter Form zusammengestellt und in umfänglicherer Weise ergänzt.

Dabei werden Konsequenzen der vorgetragenen Auffassungen für die praktische Arbeit ausdrücklich bedacht und unter Verzicht auf unnötige Fremdsprachlichkeit und Kompliziertheit in gegebenem Rahmen erörtert, um nach Möglichkeit neben besonderen Expertengruppen auch den Eltern, den Erziehern und anderen Betreuern des geistig behinderten Kindes zu dienen.

Mainz

Heinz Bach

Inhalt

VIII

Einleitung

1. Der Personenkreis

Als geistig behindert werden diejenigen Kinder bezeichnet, welche wegen der Schwere ihrer intellektuellen Beeinträchtigung eine Sonderschule für Lernbehinderte (Hilfsschule) nicht mit ausreichendem Erfolg besuchen könnten, die jedoch zu sinnvoller Tätigkeit und ausreichender Einordnung zu führen sind.

Man könnte statt vom „geistig behinderten Kind" auch vom „praktisch bildbaren Kind" sprechen, um damit deutlich zu machen, daß hier nicht die „unanschaulich-begriffliche", sondern die „anschaulich-vollziehende", die *praktische Lernweise* auf Dauer die überwiegende Möglichkeit der Erziehung darstellt.[1]

Die *seelisch-geistige Entwicklung* dieser Kinder, die hier vom ersten bis etwa zwanzigsten Lebensjahr ins Auge gefaßt werden, ist — selbst bei angemessener Erziehung—im Gegensatz zum nicht geistig behinderten Kinde durch eine wesentliche *Verlangsamung* und relative *Begrenztheit* sowie durch *Spontaneitätsmangel* und *Retardierung* der einzelnen psychischen und physischen Abläufe charakterisiert[2] — bei oft annähernd normaler, allerdings durch *gesundheitliche Labilität* und *Beeinträchtigungen der Motorik* gekennzeichneter körperlicher Entwicklung.[3]

Hinsichtlich der Entstehungsursachen und des äußeren Erscheinungsbildes lassen sich neben den *großen Gruppen* der Kinder mit geistiger Behinderung im Zusammenhang mit sog. Mongolismus, der Kinder mit geistiger Behinderung im Gefolge einer Encephalitis und der Kinder mit geistiger Behinderung in Verbindung mit einer Cerebralparese vielfältige Erscheinungs- und Ursachenformen feststellen.[4]

Für alle diese Behinderungsgruppen gilt, daß sie — abgesehen von zusätzlichen anderweitigen Behinderungen und speziellen Eigenarten — in unterschiedlichen *Graden* auftreten und daß es fließende Übergänge von der geistigen Behinderung ebenso zum Bereich der überwiegenden Pflegebedürftigkeit wie zum Bereich der Lernbehinderung gibt. Mangels verläßlicher und präziser Kriterien ist eine strenge Abgrenzung der hier im Blickfeld stehenden geistigen Behinderung, die auch als Imbezillität bezeichnet wird, zur Schwerstbehinderung (Idiotie, Pflegebedürftigkeit) und zur leichteren Behinderung (Debilität, Lernbehinderung) nicht möglich.[5]

Pädagogisch wichtiger als die Einteilung nach Erscheinungs- und Ursachenformen wäre eine Gruppierung des Personenkreises gemäß unterscheidbarer pädagogischer Aufgaben. Hierfür bieten sich jedoch vorerst noch keine übergeordneten Differenzierungsgesichtspunkte außer dem einer graduellen Einteilung an.

Auf Grund repräsentativer Untersuchungen und vorliegender Vergleichszahlen verschiedener europäischer Länder ist bei 200 Kindern und Jugendlichen bis zum zwanzigsten Lebensjahr mit einem geistig behinderten (= 0,6 %) zu rechnen.[6]) In der Bundesrepublik ergibt sich somit bei vorsichtiger Schätzung eine *Zahl* von mindestens 80 000 geistig behinderten Kindern und Jugendlichen.[7])

2. *Zur Geschichte*

Nach Zeiten der Ablehnung, der bloßen Bewahrung und vereinzelter Erziehungsversuche finden sich erst seit dem vergangenen Jahrhundert kontinuierliche Erziehungsbemühungen um das geistig behinderte Kind. Sie haben ihren Ursprung *in vier verschiedenen Quellen:*

Im *pädagogischen* Bereiche steht die Erreichung einer weitmöglichen seelisch-geistigen Gesamtentwicklung im Mittelpunkt der Bestrebungen. So gründete z. B. der Lehrer *Gottfried Guggenmoos* 1816 eine Schwachsinnigenanstalt in Hallein, 1856 folgen *Georgens* und *Deinhardt* mit der Anstalt Levana in Baden bei Wien.[8])

Im *religiösen* Bereich geht es vor allem um seelsorgerisch motivierte Erziehungsanliegen, um die Gewinnung der Reife zur Teilnahme am Gemeindeleben, wie etwa in der 1838 in Wildberg (Württemberg) erfolgten Gründung einer „Rettungsanstalt für schwachsinnige Kinder" durch Pfarrer *Karl Georg Haldenwang*.[9])

Im *medizinischen* Bereich sind es insbesondere die Tendenzen zur Heilung oder wenigstens zur Besserung des Gesamtzustandes, die zu erzieherischen Bemühungen und zu entsprechenden Anstaltsgründungen Anlaß geben — wie etwa bei der „Heilanstalt für Kretinen und blödsinnige Kinder", die der Arzt *Guggenbühl* 1841 auf dem Abendberg bei Interlaken errichtete.[10])

Gegen Ende des 19. Jahrhunderts schien diesen und verwandten Bestrebungen in den vielerorts erfolgten Gründungen von Hilfsschulen der entscheidende Durchbruch zu einer erzieherischen Hilfe für das geistig behinderte Kind beschieden zu sein. Bald verlagerte sich jedoch die Aufmerksamkeit dieser Schulen von den ursprünglich stark berücksichtigten imbezillen Kindern zu den Debilen. Man unterschied zwischen schwachbegabten und schwachsinnigen Kindern und räumte letzteren als den schwerer behinderten lediglich hier und da noch Sammel- oder Vorklassen in den Hilfsschulen ein[11]), wenn man sie nicht als „bildungsunfähig" erklärte und wieder ganz ausschulte bzw. von der Schulpflicht von vornherein befreite. Für eine gezielte erzieherische Hilfe für diese Kinder fehlte es offenkundig noch an tragfähigen Konzeptionen und Methoden.

Dieser erste Strukturwandel der Hilfsschule wurde durch das *Reichsschulpflichtgesetz* von 1938, das die Erlernung der Kulturtechniken zum Kriterium der schulischen Bildungsfähigkeit machte, nur noch fixiert.[12]) Auch nach 1945 änderte sich diese Situation zunächst noch nicht. Man war durch die schwere geistige Behinderung zu sehr beeindruckt, als daß gezielte Erfahrungen auf diesem Erziehungsfeld gesucht und kritische Überlegungen zum überkommenen Begriff der Schulbildungsfähigkeit, der mit dem Erwerb der Kulturtechniken fest verbunden war, angestellt worden wären.

Abgesehen von einigen Einrichtungen, die vor allem auf privater Initiative und Trägerschaft fußten — (es sei z. B. an die kirchlich-caritativen Anstalten und an die anthroposophischen Heime für heil- und pflegebedürftige Kinder erinnert), blieb der eigentlich große pädagogische Erfolg der hoffnungsvollen Bemühungen des 19. Jahrhunderts um die geistig schwer Behinderten noch aus.

Erst als in der jüngsten Zeit und namentlich im vergangenen Jahrzehnt die *Eltern geistig behinderter Kinder* sich mit Ärzten, Heilpädagogen und anderen Fachleuten des in Frage stehenden Arbeitsfeldes vereinten, die geschilderten Ansätze aufgriffen, die einschlägigen Erfahrungen des Auslandes — namentlich der Niederlande, der Schweiz und Österreichs — ins Blickfeld der Öffentlichkeit rückten und auf die im Grundgesetz und in den Länderverfassungen verbrieften Rechte auf Erziehung jedes Kindes hinwiesen, traten die Bestrebungen hinsichtlich der Erziehung des geistig behinderten Kindes in ein entscheidendes Stadium. Nicht zuletzt war es die Bundesvereinigung „*Lebenshilfe für das geistig behinderte Kind*", welche die elterliche Sorge als *vierte Quelle* dieser Erziehungsbestrebungen zu Gehör brachte[13]) und durch Zusammennahme der medizinischen, heilpädagogischen, seelsorgerischen und anderen fachlichen Impulse zu der erforderlichen Durchschlagskraft führte.

Nachdem bereits 1960 die *Ständige Konferenz der Kultusminister* der anstehenden Aufgabe ihre Aufmerksamkeit zugewandt, die Erziehungs- und Bildungsfähigkeit den geistig behinderten Kindern eingeräumt und die Verpflichtung ihnen gegenüber ausgesprochen hatte[14]), und nachdem für die geistig behinderten Kinder Erziehungseinrichtungen eigener Prägung sich nicht nur als sinnvoll, sondern als unerläßlich erwiesen hatten, schufen die einzelnen Länder der Bundesrepublik Deutschland die erforderlichen gesetzlichen, organisatorischen und finanziellen Grundlagen für einen Auf- und Ausbau entsprechender Erziehungsstätten.

1*

3. Die Thematik

Ohne Frage kommt nun der *ärztlichen Betreuung* des geistig behinderten Kindes besondere Bedeutung zu — und zwar zunächst hinsichtlich der Krankheiten und sonstigen Schädigungen, welche die geistige Behinderung verursachen. Sofern hier die Medizin auch nicht zu heilen vermag, wird sie doch soweit als irgend möglich den Zustand zu bessern, negative Prozesse zum Stillstand zu bringen oder zumindest zu verlangsamen versuchen.

Darüber hinaus ist die ärztliche Sorge für einen optimalen Allgemeinzustand des geistig behinderten Kindes einschließlich der Beachtung zusätzlicher anderweitiger Schäden, Krankheiten und Störungen von außerordentlicher Wichtigkeit, da bei einer günstigen Beeinflussung in dieser Hinsicht die fundamental beeinträchtigten Förderungsmöglichkeiten noch am umfänglichsten genutzt werden können.[15])

Wenn nun auch die ärztliche Betreuung des behinderten Kindes mit allem Nachdruck als eine wesentliche Aufgabe hervorzuheben ist, so wäre es doch aber bedenklich, wenn darüber die bedeutsamen Aufgaben der sozialen und der heilpädagogischen Betreuung übersehen würden.

Hinsichtlich des *sozialen Aufgabenbereichs* ist — abgesehen von der Schaffung rechtlicher Grundlagen, wie sie etwa im Bundessozialhilfegesetz niedergelegt sind, — einerseits an die vielfältigen Erfordernisse einer wirtschaftlichen und sächlichen Unterstützung des Geistigbehinderten sowohl hinsichtlich seiner besonderen Alltagsbedürfnisse und seiner Pflege als auch hinsichtlich seiner Erziehung, Ausbildung und arbeitsmäßigen Eingliederung zu denken; andererseits aber gilt es, die notwendigen Maßnahmen zur Entlastung seiner häuslichen Erzieher ins Auge zu fassen — von der Ermöglichung häuslicher Hilfeleistungen und von Kuraufenthalten etwa für die Mutter bis zur Eröffnung von Wohnheim- oder Heimplätzen.

Ebenso wie die sozialen Aufgaben, die in vorliegender Schrift nicht näher zu erörtern sind, werden auch die heilpädagogischen Aufgaben oft erst mit bedenklicher Verspätung in ihrer Bedeutung erfaßt. Wenn in vorliegender Schrift die *Erziehung* des Geistigbehinderten und damit ein Bereich des heilpädagogischen Arbeitsfeldes erörtert werden soll, so ist zuvor zu bemerken, daß es sich dabei nicht um ein Gemisch aus medizinischen, psychologischen, sozialen und pädagogischen Sicht- und Arbeitsweisen handelt, sondern um akzentuiert pädagogische Aspekte.[16])

Die Hauptfragen, die sich dem Heilpädagogen angesichts des geistig behinderten Kindes stellen, gelten der vorliegenden *Erziehbarkeit* und der daraus resultierenden Aufgabe der *Sondererziehung*, ihren Zielen, Grenzen und Methoden, sowie der vorliegenden *Erzogenheit*, den ihr entsprechenden Aufgaben der *Heilerziehung*, ihren Arbeitsweisen und den Haltungen des Erziehers, sodann den *Erziehungseinrichtungen, der Erziehungssituation der*

Familie des geistig behinderten Kindes, der heilpädagogischen *Diagnostik* und schließlich der Beziehung zwischen Öffentlichkeit und Erziehung des Geistigbehinderten.

I. Die Erziehbarkeit des geistig behinderten Kindes

Fraglos hängt der Erfolg aller Erziehungsbemühungen um das geistig behinderte Kind von seiner Erziehbarkeit (hier gleichsinnig mit „Bildbarkeit" gebraucht) ab.[17])

1. Die scheinbare Unerziehbarkeit

Bekanntlich haben geistig behinderte Kinder lange Zeit als „bildungsunfähig" oder als „erziehungsunfähig" gegolten, und zwar vor allem, weil man einen ganz bestimmten *Bildungsbegriff* voraussetzte, der an dem von der Volksschule angebotenen Bildungsgut orientiert war.

Wer dem Bildungsgang der Volksschule nicht zu folgen vermochte, galt nun nicht etwa als „volksschulbildungsunfähig", sondern als „bildungsunfähig" schlechthin.

Nicht viel anders war es vielerorts in der Mitte unseres Jahrhunderts im Bereiche der Sonderschule für Lernbehinderte (Hilfsschule). Die Kinder, welche auch ihren Anforderungen nicht genügen konnten — und hier handelt es sich weitgehend um die Gruppe der Geistigbehinderten —, wurden als „bildungsunfähig" abgewiesen oder ausgeschult — und dies, obschon es offenkundig war, daß sie doch ein gutes Teil an schlichten Kenntnissen und Fertigkeiten erworben hatten, was unstreitig als Erfolg eines Bildungsprozesses anzusehen wäre.

Ebenso verhängnisvoll wie logische Mängel hinsichtlich der genannten Begriffsbildung und -benutzung wirken sich *diagnostische Fehler* aus, die darin bestehen, daß man Möglichkeiten, die man auf den ersten und zweiten Blick nicht sieht und die sich auch nach mehrwöchiger Beobachtung noch nicht zeigen und schon gar nicht in einer sterilen Untersuchungssituation, prinzipiell auszuschließen geneigt ist und somit das Nichtgesehene als Nichtvorhandenes und Unmögliches diagnostiziert.

Abgesehen davon, daß Erziehbarkeit ohnehin nie als eine isolierte und konstante Größe aus ihrem ganzen Bedingungsgeflecht herausdestilliert werden kann, gilt, daß Befunde umso schwieriger zu erhalten sind, je geringer die vorhandenen Möglichkeiten und je geringer die bisherigen erzieherischen Einflußnahmen zu veranschlagen sind.

Was als „Bildungsunfähigkeit" oder „Erziehungsunfähigkeit" erscheint, wird demgemäß in der weit überwiegenden Mehrzahl der Fälle richtiger als *verborgene, verschüttete oder verkannte Erziehbarkeit* zu bezeichnen sein.

Dies ist vor allem deswegen bedeutsam, weil das Urteil „bildungsunfähig" tatsächlich von tragischem Gewicht ist; denn es rechtfertigt nicht nur
pädagogische Resignation, sondern es fordert sie geradezu heraus.[18]) Sofern
aber der Mensch zum Menschen erst wird durch Erziehung, kommt die Ab-
weisung durch den Begriff der „Bildungsunfähigkeit" praktisch einem Todes-
urteil über den Menschen hinsichtlich seiner Menschlichkeit gleich und ist als
leise Euthanasie zu bezeichnen.[19])

Angesichts dieses Sachverhaltes ist es also von außerordentlicher Bedeutung, die Erziehbarkeit des geistig behinderten Kindes aufzuspüren, frei-
zulegen und selbst die winzigsten Ansätze durch unermüdliches erzieherisches
Engagement hervorzulocken.[20])

Da nun der Erfolg aller erzieherischen Bemühungen wesentlich von
Kenntnis und Verständnis der seelisch-geistigen Situation des geistig behinderten Kindes abhängt, wird sich die Aufmerksamkeit vorab in dieser Richtung zu konzentrieren haben.

2. Der beeinträchtigte Bereich

Da die ersten intensiven Bemühungen um das geistig behinderte Kind
zumeist vom medizinischen Bereiche ausgehen, liegt es nahe, zunächst die
ärztlichen Aussagen über die seelisch-geistige Situation und über die daraus
abzuleitenden Erziehungsmöglichkeiten ins Auge zu fassen.

Hier wird teils in der Form klinisch eindeutiger Feststellungen, teils
in der Form vorsichtiger Vermutungen von cerebralen Schädigungen, von
funktionellen Störungen, von Vererbung usw. gesprochen und im Zusammenhang mit der Aufzeigung körperlicher Sachverhalte ein mehr oder minder
festumrissenes Erscheinungsbild als regelhaft zugehörig geschildert. Die Mut-
maßungen über die seelisch-geistige Situation des Geistigbehinderten werden
dann ebenso wie die erzieherischen Möglichkeiten nicht selten einfach aus
dem Erscheinungsbilde abgeleitet und bleiben dementsprechend weitgehend
durch die Behinderung, durch die Symptomatik charakterisiert und damit
stark eingeengt.

Der nicht durch eine traditionelle Schulmeinung festgelegte Arzt wird
jedoch vor einem derartigen Kurzschlußverfahren warnen; denn er weiß,
daß das äußere Erscheinungsbild nie in vollem Umfange in ursächlichem
Zusammenhang mit den körperlichen Sachverhalten steht. Er weist darauf
hin, daß ein mehr oder minder regelmäßiges Zusammentreffen bestimmter
äußerer Erscheinungsformen mit körperlichen Gegebenheiten noch durch
andere Bedingungen bewirkt sein kann, daß also Regelhaftigkeit nicht in
jedem Falle und in vollem Umfange gleich Notwendigkeit ist.

So erweist es sich immer wieder, daß durch eine sinnvolle Erziehung das äußere Erscheinungs- und Verhaltensbild in mehr oder minder langer Zeit gelegentlich in erheblichem Maße verändert, gebessert werden kann — wenn auch eine Reihe bestimmter Züge der Wandlung widersteht. Jedenfalls wird die starre Zuordnung von körperlicher Ursache und Gesamtbild stark in Frage gestellt.

Diese Erfahrung ist für den Erzieher von großer Tragweite. Sie hebt manche voreilige Resignation auf und ermutigt in fundamentaler Weise.

Daneben ist es für den Erzieher des geistig behinderten Kindes in verschiedener Hinsicht unerläßlich, die ärztliche Aussage bedächtig zu berücksichtigen: Sie erwägt neben der Befunderhebung die Möglichkeiten einer Heilung oder Besserung eben der Behinderung und steckt die Grenzen dessen ab, was auf medizinischem Wege zu tun und auf Grund bisheriger Erfahrungen zu erwarten ist.

Ärztliche Diagnose und Prognose sind somit von hervorhebenswerter Bedeutung für die erzieherische Arbeit. Sie geben dem Erzieher Auskunft darüber, mit welchen Gegebenheiten er hinsichtlich der Behinderung selbst zu rechnen hat, und was er von der Arbeit des Arztes erhoffen darf bzw. welche Veränderungen im organisch-funktionellen Bereich bei der Erziehungsarbeit von vornherein zu berücksichtigen sind. Erst auf Grund sorgfältiger Kenntnisnahme dieser Aussagen wird der Erzieher seine Bemühungen angemessen dimensionieren und akzentuieren können und vor einem unangebrachten Illusionismus bewahrt bleiben, der bekanntlich leicht in eine resignierende Haltung umschlägt, aus der heraus gewöhnlich wesentlich weniger getan wird, als zu tun tatsächlich möglich wäre.

Trotz dieser Bedeutung der medizinischen Aussage ist es jedoch unerläßlich, sich ihre Grenzen für die erzieherische Arbeit zu vergegenwärtigen.

Die medizinischen Feststellungen sind mit ihrer *Konzentration auf die Behinderung* dazu angetan, die Blickrichtung des Erziehers allzusehr auf das Gebrechen, auf das Nicht-Mögliche festzulegen. Solche Faszinierung durch das Negative ist aber gerade für den Erzieher problematisch: denn er hat es gar nicht in erster Linie mit der Behinderung und mit den aus ihr erwachsenen Un-Möglichkeiten zu tun, sondern gerade mit den offengebliebenen Möglichkeiten.

So wichtig es für den Erzieher also ist, Art und Umfang der körperlichen Schäden, Anfälligkeiten und Gefahren des geistig behinderten Kindes einschließlich seiner Störungen im Bereich der Sinnesorgane und der Motorik zu kennen und sich ebenso der Retardierung und wechselseitigen Beeinträchtigung der einzelnen physischen und psychischen Abläufe, der geringen Spontaneität und der Abschalttendenz bewußt zu sein, so unfruchtbar ist doch im pädagogischen Bereich eine Beschränkung auf diese Perspektive.

3. Die offengebliebenen Möglichkeiten

Während der Arzt durch seine spezielle Aufgabenstellung genötigt ist, das Gebrechen, das Symptom ins Auge zu fassen, führt den Erzieher das faszinierte Blicken auf die Behinderung zu einer ungerechtfertigten und unzweckmäßigen Einschränkung seiner Initiative. Wer im Bereich der Erziehung seinen Blick vorwiegend auf die Grenze richtet, gleicht einem Menschen, der in einem Lande die Freizügigkeit, die Möglichkeit des Wanderns und Entdeckens, des Eroberns und Durchforschens übersieht, weil er sich ständig auf die Grenze konzentriert, dauernd nur ihre Einengung und den Mangel an Bewegung spürt, die ihm hier gesetzt sind, und dabei versäumt, sich nach der Seite hin umzuwenden, wo Grenze vorerst noch gar nicht abzusehen ist.

Während sich die medizinische Diagnose nun in der Regel auf die Erfassung der Gebrechen konzentriert, muß der Heilpädagoge seinen Blick gerade auf die Unversehrtheiten richten, und während die ärztliche Prognose die Möglichkeiten einer Heilung oder Besserung der speziellen Schädigung erwägt und die Grenzen dieses therapeutischen Prozesses absteckt, befaßt sich die heilpädagogische Fragestellung akzentuiert mit den offenstehenden Möglichkeiten für das Erziehungsgeschehen in ihrer ganzen Breite.

Die heilpädagogische Sichtweise ist also gleichsam das Positiv zu dem Negativ der ärztlichen Aussage. So unerläßlich letztere auch für die heilpädagogischen Überlegungen ist, so bedenklich ist es jedoch, sie dergestalt mißzuverstehen, daß man sie für den geeigneten oder gar einzigen Ausgangspunkt der Erziehungsarbeit hält. Das führt — wie die Erfahrung zeigt — nur zu leicht zu einer pädagogischen Resignation, zu einer Ersetzung fruchtbarer erzieherischer Bemühungen durch rein pflegerisch-konservierende.

Gerade für den Erzieher des geistig behinderten Kindes gilt es, die medizinische Aussage nicht für eine pädagogische zu halten. Die Absteckung des ärztlich Möglichen ist etwas anderes als die *Ermittlung des erzieherisch Möglichen* und Anzustrebenden. Hier stellt sich für den Heilpädagogen stets eine eigenständige Aufgabe, die ihm der Arzt nicht abnehmen kann.[21]) Zu ihrer Erfüllung bedarf es zunächst der Hinblicknahme auf die Behinderten unter z. T. ganz anderen Aspekten und unter Berücksichtigung von Persönlichkeitsbereichen, deren Erfassung für die medizinische Betrachtungsweise im allgemeinen weitgehend am Rande liegt.

Die Aufmerksamkeit des Erziehers darf keineswegs auf die Ermittlung des bloßen Erscheinungsbildes beschränkt bleiben; sie muß vielmehr auf die Erfassung des seelischen Gesamts unter besonderer Berücksichtigung der trotz vorliegender Behinderung offengebliebenen Möglichkeiten ausgedehnt werden.

Darum ist die vereinfachende Redeweise von dem „Behinderten" insofern nur z. T. treffend, als der Behinderte nie nur Behinderter ist. Er ist ge-

rade im Hinblick auf die nicht behinderten Bereiche seines Menschseins von
Seiten des Erziehers zu sehen und anzusprechen.

Mit dieser entscheidenden *Wendung der Blickrichtung* kommt überhaupt erst das erzieherische Bedeutsame ins Auge, d. h. all jene *Erziehbarkeitsreste und -reserven*, die z. B. im Bereich des Emotionalen und des konkret vollziehenden Denkens liegen und in der üblichen Erziehung nur ansatzweise ausgeschöpft werden, für den Behinderten aber von fundamentaler
Bedeutung sind.

Allerdings erweisen sich Maß und Art der Erziehbarkeit des Behinderten
in der Regel erst im praktischen *Erziehungsversuch*, im ernsthaften, unbeirrbaren erzieherischen Engagement, höchstens ansatzweise dagegen in der diagnostischen Situation.

Werden dergestalt die offenstehenden Möglichkeiten aufgespürt, ergibt
sich zumeist eine Erziehbarkeit, die viel weniger durch ihre Eingeschränktheit als durch ihre *Unregelhaftigkeit* gekennzeichnet ist.

Faßt man das geistig behinderte Kind nämlich unter Absehung von
seiner speziellen Symptomatik unter dem genannten Aspekt ins Auge, so
beeindruckt häufig eine erstaunliche Fülle oft übersehener Erscheinungen: Man
sieht z. B. eine starke Motorik, einen Hang zur Bewegung, zur Expansion, eine
gewisse Lebhaftigkeit, die Freude alles anzufassen, zu untersuchen, zu betasten, bestimmte Bedürfnisse und Wünsche, die sich zeigen oder vorgetragen werden, unverstellte Affekte, eine Direktheit des Zugehens auf Menschen und Sachen. Man sieht ganz bestimmte Dinge, die dem Behinderten
Spaß machen, seine Freude am Rhythmus, am Spiel, am Rollenspiel, am Hineingehen etwa in die Rolle eines Tieres, eines Häschens, oder einer Märchengestalt, die Neigung zur Nachahmung der Erwachsenen, indem Mutti- oder
Vati-Sein gespielt wird. Man sieht eine rührende Hilfsbereitschaft, die zur
Hand gehen möchte, die gleichsam nach Aufgaben fragt, und zugleich eine
große Anhänglichkeit, ein Am-Schürzenzipfel-Hängen. Man sieht daneben
auch die Länge des Spannungsbogens im Durchhalten von Aufgaben und
Belastungen.

Vergegenwärtigt man sich diese Züge des geistig behinderten Kindes,
d. h. seine sozialen Verhaltensweisen, den Grad seiner Selbständigkeit und
Orientierung in Zeit und Raum, Art und Maß der Aufmerksamkeit, Durchhalte- und Leistungsfähigkeit, der Körperbeherrschung, der Darstellungsund Sprachtüchtigkeit, des Gegenstands-, Regel- und Zeichenverständnisses,
der Interessen, der gefühlsmäßigen Differenziertheit und wertbezogenen
Verhaltenssteuerung, ohne sich von Lebensalter und besonderen Symptomen
ablenken zu lassen, dann drängt sich der Vergleich auf zwischen diesen Lebensformen und dem Verhalten eines nicht behinderten Kindes in der Ein-,
Anderthalb-, Zwei- oder Dreijährigkeit.

Gegenüber einem derartigen Vergleich erhebt sich nun aber der Einwand, daß er das Anderssein des geistig behinderten Kindes übersehen machen würde. Dagegen ist jedoch zu fragen, ob ohne einen solchen Vergleich das Sosein des behinderten Kindes überhaupt sinnvoll zu erfassen ist und ob sich hinter der bloß beschreibenden Feststellung des Anderssein nicht im Grunde nur die unfruchtbar distanzierende Konstatierung des Fremdseins verbirgt.

Man kann doch erst wirklich verstehen — und Verstehen ist die Voraussetzung für ernsthafte erzieherische Hilfe —, wenn ähnliche, selbst erlebte Zustände mobilisiert werden, wenn man also in sich wachzurufen versucht, wie einem zumute war, was einen bewegte, was man begehrte, was man wünschte, was einen erfreute, was einen traurig machte, kurz: was einem sinnvoll war in einer wenigstens annähernd vergleichbaren Situation. Wir können uns bezeichnenderweise noch sehr gut einfühlen, wenn wir tatsächlich anderthalb-, zwei- oder dreijährige Kinder vor uns haben. Von hier aus also besteht ein Zugang zum Verständnis des geistig behinderten Kindes, in der bloßen Konstatierung des Andersseins aber nicht, sondern vielmehr die Verführung zu der Auffassung, es handele sich bei dem Behinderten einfach um „eine andere Rasse". Wer sich in dieser Richtung bewegt, kann den Anderen nur noch behandeln, aber ihn nicht mehr betreuen. Er kann ihn vielleicht handhaben, technisch mit ihm umgehen, aber nicht den erforderlichen menschlichen Kontakt zu ihm aufnehmen. Er kann Techniker sein — aber nicht Erzieher.

Darum ist der genannte und dem sorgfältigen Beobachter sich aufdrängende *Vergleich, die Inbezugsetzung des geistig behinderten Kindes zum Anderthalb-, Zwei- oder Dreijährigen* nicht nur für Haltung und Verhalten des Erziehers sondern auch für die Beratung der Eltern außerordentlich wichtig; denn in dem Sicheinfühlen unter Wachrufung selbsterlebter Zustände finden wir mit ihnen einen Schlüssel zu erzieherisch-fruchtbarem *Verständnis* des geistig behinderten Kindes.

Neben der Eröffnung eines sinnvollen *emotionalen Zuganges* zum geistig behinderten Kinde über das Sich-einfühlen erschließt das Inbezugsetzen der seelisch-geistigen Situation des geistig behinderten Kindes zu frühkindlichen Entwicklungsstufen geistig nicht behinderter Kinder vor allem eine *positive Einstellung* gegenüber den Verhaltensweisen und Möglichkeiten des behinderten Kindes.

Allerdings ergibt sich hierbei eine gewisse Anfangsschwierigkeit wegen der *Körpergröße* und des tatsächlichen *Lebensalters* des Behinderten. Beides ist dazu angetan, die Einstellung auf das vorliegende seelisch-geistige Entwicklungsalter zu erschweren. Wenn man jedoch von der Behinderung, von dem Mißverhältnis zwischen Lebensalter bzw. Körpergröße und Entwicklungsalter abzusehen gelernt hat, entdeckt man allmählich ein volles Leben mit hundertfältigen Möglichkeiten, Fähigkeiten, Freuden, Bedürfnissen, Bereitschaften usw.

So findet man oft eine naive Lernbereitschaft, die allerdings scheinbar wenig zu tun hat mit jener, die dem Lebensalter und der Körpergröße der Kinder entspräche, eine Lernbereitschaft, die nicht auf Lesen, Schreiben und Rechnen hin orientiert, sondern eben der genannten frühkindlichen Entwicklungsphase angemessen ist. Blickt man dagegen nur auf die Behinderung und stellt sich zu sehr auf das Lebensalter ein, dann bleibt Entscheidendes völlig verborgen; dann sieht man immer nur das, was nicht möglich ist, statt die vorhandene Lernbereitschaft in der Form der Sehnsucht, etwa groß zu werden den wie Mutter oder Vater und praktisch-nachahmend die Welt zu erfassen, als fundamentalen Impuls aufzugreifen.

Das Entscheidende bei diesen Entdeckungen ist ihre *positive Akzentuiertheit.* Auf einmal freut man sich, daß das behinderte Kind (gemäß seinem Entwicklungsalter) bereits zwei oder gar fünf Minuten bei einer Sache bleiben kann und bedauert es nicht mehr, daß es sich noch nicht einmal eine Viertelstunde mit einem Spielzeug beschäftigt (wie man es hinsichtlich seines Lebensalters erwarten würde). Oder man wertet die Neugier, das Herumfingern an den Dingen als entwicklungsgemäße Lernfaktoren, statt sie als Unarten oder gar als Ausdruck eines zum „Krankheitsbilde" gehörigen „Erethismus" zu sehen und ebenso verzweifelt wie erfolglos nach Lernimpulsen zu fahnden, welche bei dem vorliegenden Entwicklungsalter keineswegs zu erwarten sind, sondern allenfalls als Scheinhaltung anerzogen werden können.

Durch die „gefühlsmäßige Umstellung", die in der Wendung der Blickrichtung ins Positive liegt, wird aus Bekümmerung und Resignation Verständnis und Freude, und gleichsam von selbst pflegt sich in dieser Haltung das einzustellen, was man als *pädagogischen Einfallsreichtum* bezeichnen kann.

Schließlich liegt in dem hier nahegelegten Vergleich zwischen der seelisch-geistigen Situation des geistig behinderten Kindes und frühkindlichen Entwicklungsstufen nicht behinderter Kinder ein ganz spezieller *Vorzug in didaktischer Richtung.* In dem Umfange nämlich, in welchem der Vergleich zutrifft, eröffnet sich ein wohlausgebildeter pädagogischer Bereich mit einer Fülle von Erfahrungen, der zu einem guten Teil auch für die Erziehung des Geistigbehinderten nutzbar gemacht werden kann — nämlich die Kleinkinder- oder Kindergartenpädagogik.

So bleibt es dem Erzieher über weite Strecken erspart, mangels jedweder Orientierungshilfen zu einer bloßen Probierpädagogik seine Zuflucht nehmen zu müssen. Zumindest hat er eine Arbeitshypothese und einen Fundus an Zielvorstellungen, Methoden und Mitteln, derer er sich besonnen bedienen kann.

Nun wäre es allerdings töricht, den Vergleich der behinderten Kinder mit den Anderthalb-, Zwei- oder Dreijährigen zu überziehen. Sie sind in mancherlei Hinsicht von den nicht geistig behinderten Kindern dieses Lebensalters unterschieden.

Worin besteht nun neben den bereits genannten Fakten des objektiven Lebensalters und der Körpergröße der Unterschied zwischen beispielsweise dem achtjährigen behinderten Kinde mit einem Entwicklungsalter von zwei Jahren und dem tatsächlich zweijährigen nicht geistig behinderten Kinde?

Hier muß zunächst daran erinnert werden, daß es sehr *viele verschiedene Formen und Grade* der geistigen Behinderung gibt. Wenn wir also dem Vorschlag der Einstellung auf ein kleinkindliches Entwicklungsalter folgen, gilt es hierbei stets mit einer Streubreite von der Anderthalbjährigkeit bis zur Drei-, Vier- oder in einigen Fällen sogar der Fünf-, Sechs-, Sieben- und Achtjährigkeit zu rechnen.

Sodann ist auf jene oft bezeichnenden *partiellen Entwicklungsspitzen* hinzuweisen, die mitunter weit hinausragen über die seelische Gesamtentwicklung z. B. der Zweijährigkeit. Zum Teil handelt es sich dabei um Erlebnismöglichkeiten, Fähigkeiten, Kenntnisse, die sich mit dem Lebensalter mehr oder minder normal entwickelt haben; zum Teil sind es auch Rückstände nach einem Zurückfallen des gesamtseelischen Status z. B. nach einer Hirnhautentzündung. So finden sich gelegentlich verschiedene kleine oder größere Lebenserfahrungen, die durch jahrelang immer wieder auftauchende Erlebnisse in bestimmten Familiensituationen oder durch besondere, stark beeindruckende Ereignisse bedingt gelegentlich das geistig behinderte Kind in gewissen Zügen seines Wesens nahezu altersmäßig erscheinen lassen und den Eindruck z. B. der Zweijährigkeit verwischen. Andererseits können gerade bei Kindern, die auf Grund bestimmter Erkrankungen Rückschritte gemacht haben, Erinnerungen festgestellt werden, die in ihrem Gehalt weit über das hinausgehen, was man in der Zweijährigkeit anzutreffen pflegt. So imponiert mitunter ein erstaunliches, wenn auch ausschnitthaftes Verständnis für ganz bestimmte Sachverhalte.

Neben den genannten Entwicklungsspitzen unterscheiden sich geistig behinderte Kinder ferner häufig durch ein *plötzliches Abschalten,* das andere Züge trägt als die normalen Ermüdungserscheinungen etwa eines Zweijährigen. Es ist vielmehr ein Dösen, ein Abgespanntsein, das nicht alsbald durch eine neue Beschäftigung abgelöst wird.

Des weiteren ist eine *geringe Spontaneität* und eine *Verlangsamung der* einzelnen *psychischen und physischen* Abläufe festzustellen.

Ferner gilt es zu sehen, daß es sich bei dem jeweils vorliegenden Entwicklungsalter des geistig behinderten Kindes nicht um eine Stufe einer Skala handelt, die — wenn auch langsamer — schließlich doch voll bewältigt wird, sondern daß neben einer wesentlichen Verlangsamung auch eine relative *Begrenztheit der Gesamtentwicklung* zu konstatieren ist.

Vor allem aber besteht ein *Mißverhältnis zwischen dem Können und der Umwelterwartung*, d. h. dem, was Außenstehende von dem Kinde erwarten. Um dies zu verdeutlichen, bedarf es einer Vorerläuterung. Wir haben in der Regel ein bestimmtes Schema für Anforderungen und Erwartungen, mit denen wir an andere Menschen herantreten. Wir schätzen, ohne daß es uns bewußt wird, ihr Alter, ihre geistige Wendigkeit ab und sprechen sie demgemäß an. Wir projizieren unser Bild, das wir uns von einem Menschen entsprechender Art machen, auf ihn — und sind dann allerdings gelegentlich enttäuscht, wenn er nicht diesen unseren Erwartungen entspricht. Er erscheint uns dann als uneinsichtig, als dumm, als gewöhnlich o. ä. Im Prinzip aber sind wir trotz all solcher Enttäuschungen darauf angewiesen, z. B. mit dem Schaffner in der Straßenbahn zu sprechen, als sei er ein vernünftiger Mensch, der von seinem Beruf das Notwendige verstünde. Wir kalkulieren gar nicht ein, daß wir den Menschen, mit dem wir es zu tun haben, gar nicht kennen. Wir unterstellen ihn dem Schema.

Ein ähnliches *Schema* haben wir nun auch in unserem Umgang mit den Kindern bestimmter Altersstufen. Wir werden also etwa auf der Straße einen Zweijährigen anders ansprechen als einen Vierjährigen. Einen Dreijährigen trösten wir anders als einen Fünfjährigen. Für den Zehn- oder Vierzehnjährigen haben wir wieder ein anderes „Schema". Wir denken nicht darüber nach, wir verhalten uns einfach danach. Wir sind darauf angewiesen. In unserem Verhalten liegt also eine bestimmte Regelhaftigkeit auf Grund der Erfahrung, die uns zur Verfügung steht. Es wird gegenüber Kindern weitgehend ausgelöst durch die *Orientierung an der Körpergröße*.

Dem geistig behinderten Kinde tritt nun die Umwelt, vor allem der Außenstehende, der das Kind nicht näher kennt, mit eben demselben, weitgehend an der Körpergröße orientierten Verhalten und Anspruch gegenüber. So z. B. in der Straßenbahn: dort werden die geistig behinderten Kinder von den Fahrgästen meist behandelt, als seien sie ihrer Körpergröße entsprechend auch geistig entwickelt; man regt sich über ihr *Unverständnis* auf, empört sich, fordert Strafen usw. Das ist ganz verständlich, und man sollte nicht immer nur Vorwürfe über die verständnislose Umwelt erheben; denn es ist doch ohne Frage nicht ganz leicht, hier zu unterscheiden und das außerordentliche Gefälle von einer körperlichen Entwicklung z. B. des Vierzehnjährigen mit der vorliegenden Entwicklung des seelisch-geistigen Fünfjährigkeit zu erfassen.

In vorliegendem Zusammenhang handelt es sich nun darum, zu erkennen, daß diese geschilderte Spannung zwischen Umweltanforderung und Können grundsätzlich auf jedes geistig behinderte Kind zukommt. Das läßt sich nicht verhindern. Hier entsteht also zwangsläufig eine innere Spannung, die jedenfalls bei weitem nicht in diesem Maße beim nicht geistig behinderten Fünfjährigen auftritt.

Diese Spannung nun scheint — neben anderen, aus dem Organischen herrührenden Anlässen — die hervorhebenswerte Ursache für eine gewisse *Bedrücktheit* und Verstimmtheit zu sein, die sich bei vielen geistig behinderten Kindern beobachten läßt.[22])

Zu den bisher genannten, mehr oder minder zwangsläufig aus der Gesamtverfassung resultierenden Abweichungen der inneren Situation des geistig behinderten Kindes von der Lage des nicht behinderten Kleinkindes finden sich nun aber mit gewisser Regelmäßigkeit noch andere charakteristische Züge, die ausdrücklicher Beachtung bedürfen. Sie sind auf bestimmte Erziehungseinflüsse zurückzuführen, die gleichsam als Antwort auf die vorliegende geistige Behinderung einsetzen.

Sie sollen als Erzogenheit des geistig behinderten Kindes wegen ihrer großen Bedeutung in einem besonderen Kapitel erörtert werden.

Hinsichtlich der Frage nach der Erziehbarkeit sei hier jedoch bereits vermerkt, daß durch *unzweckmäßige Erziehung* — und sei sie noch so wohlmeinend erfolgt — nicht selten das natürliche Lernbedürfnis, das in der Regel bei dem vorliegenden Entwicklungsalter anzutreffen ist, in mehr oder minder starkem Maße verschüttet sein kann, so daß der Eindruck einer prinzipiell noch geringeren Erziehbarkeit entsteht.

In der nämlichen Richtung wirkt sich natürlich auch die geschilderte Spannung zwischen Können und Umweltforderung beim geistig behinderten Kinde aus.

Zusammenfassend läßt sich also feststellen, daß die Erziehbarkeit des geistig behinderten Kindes ungeachtet seines wirklichen Lebensalters und seiner körperlichen Entwicklung in großen Zügen etwa den Möglichkeiten *vergleichbar* ist, die *dem geistig nicht behinderten Kleinkinde,* dem Ein- bis Sechs- oder Siebenjährigen, in erzieherischer Hinsicht offenstehen.

Wenn überhaupt eine gewisse Konzeption zu einer erzieherischen Förderung des geistig behinderten Kindes sinnvoll erscheint, dann ist es die der planmäßigen Hilfe zu möglichst umfänglicher Gewinnung derjenigen seelisch-geistigen Entwicklungsstufen, die sich an die jeweils erreichten anschließen.

Jedenfalls verführt eine derartige Richtlinie wesentlich weniger zu einer ungezielten Allerweltsbetreuung des behinderten Kindes, die sich oft unter der bedenklich wenig sagenden Maxime verbirgt, jedes geistig behinderte Kind sei nun einmal anders und bedürfe demgemäß einer ganz individuellen Erziehung.

Durch eine vorsichtige Orientierung in dieser Richtung eröffnet sich dem Erzieher des geistig behinderten Kindes die entscheidende Möglichkeit, unter Wachrufung eigener Kindheitszustände einfühlend zu *verstehen,* die *Fülle positiver Züge* und offengebliebener Möglichkeiten zu sehen, von einseitiger

Faszinierung durch die geistige Behinderung frei zu werden, die aus der Unzufriedenheit über Rückständigkeiten resultierende Abwertung und Überforderung zu überwinden und zu einer lebendigen Beziehung zum Kinde zu kommen. Darüber hinaus erschließt sich auf Grund dieser Sicht jene Unzahl *erzieherischer Einfälle*, Verhaltensweisen, Spiele, Entwicklungsanreize, welche in der Pädagogik für den Umgang mit der genannten frühkindlichen Entwicklungsstufe zusammengetragen sind.

Das jeweils zu Grunde zu legende frühkindliche seelisch-geistige Entwicklungsalter ist jedoch nicht harmonisch wie beim geistig nicht behinderten zwei- oder dreijährigen Kinde. Es finden sich vielmehr gelegentlich bestimmte *partielle Fähigkeiten*, Verständnis- und Erlebnismöglichkeiten und Fertigkeiten, die über die seelisch-geistige Gesamtentwicklung hinausragen und mitunter nahezu dem tatsächlichen Lebensalter entsprechen. Derartige Gegebenheiten bedürfen besonderer Pflege, sollten jedoch nicht zu der übertriebenen Hoffnung verleiten, daß die Gesamtentwicklung diesen Spitzen durch forcierte Anstrengungen schließlich doch bald folgen werde.

Die erzieherischen Angebote und Erwartungen sollten jedenfalls vorwiegend an der Stufe der seelisch-geistigen Gesamtentwicklung orientiert sein. So notwendig es aber ist, die besonderen Bedürfnisse dieser Entwicklungsstufe hinreichend zu berücksichtigen, so unangebracht wäre es, den 8-, 10- oder 14-Jährigen wie einen Zweijährigen zu „behandeln". Man tut vielmehr gut daran, sowohl das spielende Arbeiten gebührend ernst zu nehmen und den besonderen Interessen in angemessener Weise Rechnung zu tragen wie auch den Umgangston weitmöglich auf das Lebensalter abzustellen, um durch diesen Respekt ein entsprechendes Verhalten hervorzurufen.[23])

Neben den genannten Entwicklungsspitzen bedürfen *bestimmte Beeinträchtigungen* der inneren Gesamtsituation besonderer Aufmerksamkeit. Hier sind — wenn man einmal von besonderen zentralbedingten Störungen und Ausfällen absieht — vor allem die mitunter stark eingeschränkte Spontaneität zu nennen und die allgemeine Verlangsamung der psychischen und physischen Abläufe sowie die bezeichnenden *Spannungen zwischen dem Können* des geistig behinderten Kindes *und den Forderungen*, welche ihm die Umwelt tagtäglich unbilligerweise stellt und damit zu einer gewissen Entmutigung, *Bedrücktheit* und Traurigkeit beiträgt. Hier gilt es insbesondere Rücksicht zu nehmen, Verständnis aufzubringen, Wege zu weisen und womöglich bestimmte Umwelteinstellungen zu korrigieren.

Hinsichtlich der partiellen Fähigkeiten und bestimmter Beeinträchtigungen als Abweichungen von dem jeweils vorliegenden ungefähren seelisch-geistigen Entwicklungsalter bedarf es also stets intensiver individueller Sonderbemühungen.

Hier stellt sich die Frage, ob sich dadurch nicht noch andere Gruppierungsgesichtspunkte ergeben. Nun kann es sich im heilpädagogischen Bereiche nur um Gruppen handeln, die auf Grund bestimmter, für den betreffenden Personenkreis bedeutsamer Erziehungsaufgaben gebildet werden. Äußere Merkmale wie mongoloide Züge usw. sind hier also ebenso zweitrangig wie es Längenwachstum und Blutgruppenzugehörigkeit wären, und auch die Ursachen der Behinderungen besagen hier meist recht wenig; denn die sich angesichts zweier Kinder mit ganz unterschiedlichem Erscheinungsbild und verschiedener Behinderungsursache stellenden Erziehungsaufgaben sind mitunter wesentlich verwandter als die Aufgaben, die sich für Kinder ergeben, die äußerlich und ursachenmäßig derselben Gruppe zugehören.

Vorerst erweist sich eine Gruppierung nach ungefähren seelisch-geistigen Entwicklungsstufen (trotz individueller Abweichungen hinsichtlich besonderer Einzelzüge) unter pädagogischem Aspekt als am besten begründet, sofern die Aufgabe individueller Förderung hinsichtlich besonderer Fähigkeiten und Beeinträchtigungen dabei gebührend beachtet und eine entsprechend modifizierte Erwartenshaltung eingenommen wird.

Wenn sich nun als pädagogischer Hauptgruppierungsgesichtspunkt geistig behinderter Kinder das ungefähre Entwicklungsalter anbietet, so bedarf dabei das „Ungefähr" besonderer Beachtung; denn weder sind die einzelnen frühkindlichen Entwicklungsphasen oder -stufen präzis voneinander abzugrenzen, noch läßt sich gar die spezielle seelisch-geistige Situation des geistig behinderten Kindes so genau erfassen, daß sich etwa auf den Monat genau seine Position angeben ließe. Präzision dieser Art ist hier Ausdruck der Unwissenschaftlichkeit.

Angesichts der etwa von *A. Gesell* in anregender Breite und Plastizität geschilderten Entwicklungsstufen der frühen Kindheit wird ferner deutlich, daß es sich um Gegebenheiten handelt, die z. T. nur bei ausführlichem und intensivem Kontakt mit dem Kinde wahrzunehmen sind.

Damit ist zugleich gesagt, daß sich Art und Maß der tatsächlich vorliegenden *Erziehbarkeit* des geistig behinderten Kindes in aller Regel *erst im praktischen Erziehungsversuch,* in ernsthaftem, unbeirrbarem erzieherischen Engagement erweisen, höchstens ansatzweise dagegen in der diagnostischen Situation oder gar auf Grund des bloßen Augenscheins.

Werden aber die offenstehenden Möglichkeiten intensiv aufgespürt und geweckt, ergibt sich eine Erziehbarkeit, die oft besser durch ihre *Unregelhaftigkeit* als durch ihre Eingeschränktheit zu kennzeichnen ist und die insofern als *„praktische Erziehbarkeit"* (oder „praktische Bildbarkeit") charakterisierbar ist, als hier die Möglichkeiten des *„anschaulich-vollziehenden"* Lernens gegenüber den „unanschaulich-begrifflichen" auf Dauer entscheidend überwiegen. Praktische Erziehbarkeit ist Erziehbarkeit. Sie ist unregelhafte, aber nicht minderwertige Erziehbarkeit.

4. Zur Dauer der Erziehbarkeit

Grundsätzlich ist die Dauer der Erziehbarkeit eines Menschen nicht vorauszusagen. Sie hängt einerseits von individuell stark variierenden biologischen Prozessen und andererseits von den Erziehungseinflüssen ab, denen er ausgesetzt wird bzw. denen er sich aussetzt. Zudem stehen diese im Einzelfall schwer abschätzbaren Faktoren in einem Korrelationsverhältnis zueinander.

Weder generell noch im Einzelfall kann daher für die Dauer der Erziehbarkeit ein einigermaßen fest abgesteckter Zeitrahmen angegeben werden. Während sich bei manchem Menschen die Erziehbarkeit erst im 2. und 3. Lebensjahrzehnt voll zu entfalten scheint und in den folgenden Lebensjahren zunehmend differenziert, erweitert oder akzentuiert, ist im allgemeinen mit einem individuell stark variierenden allmählichen quantitativen und qualitativen *Abnehmen der Erziehbarkeit* zu rechnen in der Form einer Verengung und Verlangsamung der Lernprozesse, die mitunter auch ganz zum Erliegen kommen.

Als besonders bedeutsame Erziehungseindrücke sind neben dem täglichen Umgang und dem Beruf insbesondere die schulischen Bemühungen zu nennen. Im allgemeinen kann man feststellen, daß die Dauer der Erziehbarkeit umso größer ist, je länger und intensiver die gezielte Erziehungsarbeit schulartigen Charakters einwirkt. Keineswegs darf jedoch das übliche Abschlußalter der allgemeinen Schulpflicht als pädagogisch-psychologisch begründbare Zäsur gesehen werden, von der ab die Erziehbarkeit ohnehin so stark abnähme, daß sich eine weitere gezielte Erziehungsarbeit nicht mehr lohnen würde. Vielmehr wird die Dauer der Erziehbarkeit durch den vorzeitigen Abschluß gezielter Erziehungsarbeit zumeist praktisch verkürzt. Dieses Vorgehen ist durch bestimmte, an Traditionen gebundene praktische Bedürfnisse der Gesellschaft bedingt.

Für geistig behinderte Kinder, deren seelisch-geistige Entwicklung sich wesentlich langsamer vollzieht als die von nicht behinderten Kindern, muß selbst bei Respektierung dieser praktisch-traditionellen Gegebenheiten eine entsprechend größere Zeitspanne gezielter Erziehungseinwirkungen eingeräumt werden, um ihnen ein Optimum an seelisch-geistiger Entwicklung zu ermöglichen.

Prinzipiell ist auch für sie die Dauer der Erziehbarkeit nicht vorauszusagen, da weder medizinische Fortschritte hinsichtlich der Besserungs- oder Heilungsmöglichkeiten bestimmter Formen geistiger Behinderung kalkulierbar, noch gelegentliche Spontanbesserungen oder Nachreifungen auszuschliessen sind. Ferner sind exakte Darstellungen der Entwicklung geistig Behinderter, die noch über das zweite Lebensjahrzehnt hinaus intensiv und unter optimalen Bedingungen fachkundig und intensiv erzogen wurden, nicht bekannt.

Allerdings wird bei geistig Behinderten ebensowenig wie bei nicht Behinderten mit einer Erziehbarkeit zu rechnen sein, die eine unbegrenzte, intensive, stufenweise aufbauende Erziehungsarbeit erlauben würde. Nach vorliegenden Erfahrungen gibt es Stufen, die trotz aller fachmännischen Bemühungen von geistig Behinderten nicht überschritten werden. Ist solche Stufe erreicht, kommt es zu einer Stagnation, zu Mechanisierungen des bereits Erworbenen und lediglich noch zu selbst für den geistig Behinderten geringfügigem Erfahrungszuwachs.

Obschon es also angebracht erscheint, nachdrücklich vor Illusionen hinsichtlich der Erziehbarkeit des geistig behinderten Kindes zu warnen, muß doch für einen realistischen Optimismus eingetreten werden: Es sollte erzieherisch alles sinnvoll Erscheinende unermüdlich versucht und die Phase intensiver und kontinuierlicher Erziehungsbemühungen zumindest *bis zum Ende des zweiten Lebensjahrzehnts* ausgedehnt werden, um ein Optimum an seelisch-geistiger Entwicklung zu erreichen.

Eine Beschränkung der Erziehungsbemühungen auf die übliche Zeit der Schulpflicht muß in aller Regel angesichts der außerordentlich erschwerten Entwicklungs- und Lebensbedingungen des Geistigbehinderten als unzureichend angesehen werden.

Darüber hinaus gilt für den Geistigbehinderten mehr als für jeden anderen, daß das Erworbene *stetiger Übung und Pflege* bedarf, soll das gewonnene Terrain nicht rasch wieder verlorengehen.

II. Ziele und Methoden der Sondererziehung des geistig behinderten Kindes

Aus den geschilderten Gegebenheiten der Erziehbarkeit ergibt sich zwangsläufig als nächster heilpädagogischer Aspekt die Frage nach der entsprechenden *Erziehungsbedürftigkeit* des geistig behinderten Kindes.[24])

Gemäß der Unregelhaftigkeit seiner Erziehbarkeit ist auch seine Erziehungsbedürftigkeit eine besondere, *unregelhafte,* von der Regelerziehung abweichende, *keineswegs* jedoch eine *geminderte.*

Angesichts der Behinderung besteht weder Anlaß noch Recht, von einer eingeschränkten Erziehungsbedürftigkeit auszugehen und sich auf das sog. „Notwendigste" zu beschränken. Im Gegenteil: Insofern dem Behinderten das Vertrautwerden mit dieser Welt und ihren Aufgaben auf den allerorts gebahnten Wegen teilweise versperrt ist, muß seine Erziehungsbedürftigkeit, sein Bedarf an spezieller Anleitung und Wegweisung sogar als ein *vermehrter,* gesteigerter ernstgenommen werden.

Gliedert man in Modifizierung eines Vorschlages von *Hanselmann* das Erziehungsgeschehen in Prozesse des Aufnehmens, des Verarbeitens und des Speicherns (im Sinne der Bildung von Kenntnissen, Fertigkeiten usw.), so erscheint es bei der Erziehung des geistig behinderten Kindes zunächst als Aufgabe, Ersatzmöglichkeiten für die beeinträchtigten Verarbeitungsfunktionen zu schaffen.

So wichtig Aufmerksamkeit in solcher Richtung auch ist, bedenklich ist doch eine Blickverengung auf diesen Gesichtspunkt und die aus ihr zwangsläufig folgende unzureichende Beurteilung der Erziehungsbedürftigkeit.

In Faszination angesichts der offenkundigen Beeinträchtigung der geistigen Verarbeitungsprozesse beim geistig behinderten Kinde wird nur zu leicht übersehen, daß dieser Mangel zugleich von gravierendem Einfluß auf die Aufnahmeprozesse ist, indem z. B. die mangelnde Differenziertheit der Verarbeitungskategorien selbst bei völliger Intaktheit der Aufnahmeorgane zwangsläufig zu einem unzureichenden Erfassen führt. Nicht minder bedeutsam sind die Folgen der geistigen Behinderung für die Bildung von Fertigkeiten verschiedener Art.

Bei genauerer Betrachtung erweist sich somit unter pädagogischem Aspekt die *geistige Behinderung als eine Mehrfachbeeinträchtigung* — ganz abgesehen davon, daß häufig auch noch manifeste organische Schädigungen im Bereiche der Aufnahme- und Äußerungsfunktionen vorliegen.

Darum gilt es, unter *Ausschöpfung der verbliebenen Funktionsreste und der offenstehenden Funktionsreserven* die Bedürfnisse des Behinderten selbst ins Auge zu fassen, d. h. seine berechtigten Ansprüche auf wirklich optimale Erziehung.

Angesichts vieler verständlicher Wünsche und Hoffnungen von Eltern Geistigbehinderter sowie hinsichtlich der Notwendigkeit einer Selbstfindung und Profilierung der Arbeit in den Erziehungsstätten sind sorgsame Erwägungen über das Ziel, das es in der Erziehung des Geistigbehinderten anzustreben gilt, von offenkundiger Bedeutung.

Sie werden zweckmäßigerweise mit Überlegungen zu einigen Grundfragen der pädagogischen Zielsetzung beginnen, um die allgemeinen Maßgaben sichtbar zu machen, die für Zielbeurteilung und Zielentwurf zu gelten haben. Danach erst wird eine Stellungnahme zu bestimmten Fehlzielen und der Entwurf eines angemessen erscheinenden Zieles sinnvoll sein.

Nennt man in Anlehnung an *Langeveld* Erziehung die bewußten und unbewußten Bemühungen der älteren, reiferen Generation um die jüngere mit der Tendenz, ihr bestimmte Formen der Erwachsenheit zu ermöglichen[25]), so ist die Vorstellung von dieser Erwachsenheit, von der seelisch-geistigen Verfassung, die angestrebt wird, das Ziel der Erziehung.

Ein Ziel in diesem Sinne ist stets reflektiert, bewußt — und es wird zur Aufgabe für den, der sich beansprucht fühlt, sich für seine Erreichung einzusetzen.

Es ist vom Erziehungsideal durch seine prinzipielle Realisierbarkeit unterschieden. Ein Erziehungsideal ist eine plastische, auf Vollständigkeit abgestellte Vorstellung von Erzogenheit mit dem Charakter des Nie-ganz-Erreichbaren, ein erhabenes Orientierungsmodell, bei dem die individuellen Möglichkeiten zu konkreter Verwirklichung unberücksichtigt bleiben.

Der Versuch einer Orientierung an derartigen Idealvorstellungen ist im Bereich der Erziehung des Geistigbehinderten ebenso verständlich wie bedenklich. Wenn er nicht zu Wirklichkeitsflucht, zu Trostsuche in aufgabenfremden Phantasien führt, dann verleitet er nur zu leicht zu Selbstüberforderungen des Erziehers und zu Überanstrengungen des behinderten Kindes, die teils in verzweifelten Selbsttäuschungen, teils in Zusammenbrüchen und in totaler Resignation zu enden pflegen.

Wenn gegenüber hochgespannten Erziehungsidealen die Erziehungsziele, von denen hier die Rede sein soll, durch ihre prinzipielle Erreichbarkeit gekennzeichnet sind, so tragen sie aber doch häufig den Makel der Unbestimmtheit an sich, sofern sie nur als Formel angegeben werden. Sie bleiben oft unklar und mißverständlich, da bloße Begriffe zumeist nicht den erforderlichen „Sättigungsgrad an gedanklichem Gehalt" besitzen. „So sonnenklar und zweifelsfrei ihr Sinn zumeist demjenigen ist, der sie im

Munde führt", so leicht werden sie von anderen mißverstanden. Haben nicht die Begriffe in „ihrer schwebenden Unbestimmtheit es vielfach dahin gebracht, daß man miteinander einig zu sein glaubte, wo nur die Vieldeutigkeit des erwählten Wortsymbols die vorhandenen Differenzen unbemerkbar machte?"[26])

Diese kritische Frage, die *Litt* in den zwanziger Jahren formulierte, scheint angesichts der heute gängigen Rede von der „lebenspraktischen Erziehung" des Geistigbehinderten besonders aktuell. Die Arbeit nämlich, die auf Grund dieser formelhaften Zielangabe getan wird, ist an einem Orte Anleitung zu schlichten Umgangsformen und zu einfacher Selbstbesorgung, andernorts dagegen erste Einführung in die Kulturtechniken; mancherorts ist sie Einübung unkomplizierter arbeitsmäßiger Handgriffe, woanders wiederum Unterweisung in anspruchsvolleren handwerklichen Verrichtungen.

So führt die trügerische Eindeutigkeit dieser Zielangabe heute bereits zu Mißverständnissen im Gespräch zwischen den verschiedenen Erziehungsstätten und zu gelegentlichen Fehlkonzeptionen der Arbeit selbst.

Darum ist es unabdingbar, sich bei der Zielangabe nicht leichtfertig auf Begriff und Formel zu verlassen. Es gilt vielmehr, das Ziel konkret zu beschreiben, soll es als wirklich verläßliche Orientierungshilfe dienen.

Zuvor allerdings müssen die Maßgaben ins Auge gefaßt werden, die bei der Zielbestimmung zu beachten sind, d. h. es ist unter Berücksichtigung dessen, was konkret möglich ist, zu erwägen, was im Bereiche des Möglichen wünschenswert und anzustreben ist.

Was also ist nun in dem Möglichkeitsbereiche der geschilderten Erziehbarkeit wünschenswert und anzustreben?

Grundsätzlich geht es in der Erziehung um die Anleitung, die Welt auf menschliche Weise zu sehen, zu erleben und tätig zu beantworten, d. h. um ein Hineingeleiten des Heranwachsenden in unsere Menschenwelt.[27]) Aber es gibt viele Weisen menschlichen Sehens, Erlebens, Antwort-gebens, Sichbewährens. Welche sind angesichts der offengebliebenen Möglichkeiten des Geistigbehinderten wert, verwirklicht zu werden?

Die Antwort auf diese Frage nach der Erziehungsbedürftigkeit läßt sich nun keineswegs aus der jeweils vorliegenden Erziehbarkeit ableiten. Sie bedarf vielmehr einer verantwortlichen *Wertentscheidung* des Erziehers und ist letztlich abhängig von dem, was als dem Menschen Wesentliches erachtet wird, von der Sichtweise des Menschen, die dem Erzieher selber eignet.

Bei der Betrachtung der verschiedenen Erziehungsziele drängt sich zunächst der Eindruck auf, daß es vor allem um die Tüchtigkeit des Menschen gehe, um das, was er können und tun, wie er sich verhalten soll. Durch diesen Aspekt finden Ansprüche der Familie, der Gruppe, der Gesellschaft ihren legitimen, berechtigten Ausdruck.

Weniger zur Sprache dagegen gelangen oft die Ansprüche des Kindes selbst, seine Bedürfnisse, sein Recht auf Teilhabe am Ganzen, also das, was es innerlich sein kann und sein möchte und sein soll.

Will Erziehung das Kind nicht zum bloßen Gegenstand, zum funktionierenden Teil eines Apparates abrichten, muß sie vor aller *Lebenstüchtigkeit* seine *Lebenserfülltheit* anstreben, sie muß mit dem Geben statt mit dem Erwarten beginnen.

Letztlich werden selbst Maß und Intensität der Lebenstüchtigkeit von der Lebenserfülltheit bestimmt. Diesen Zusammenhang hat bereits Pestalozzi in seinem „Schwanengesang" sichtbar gemacht, indem er die „Bildung von Kopf, Herz und Hand" fordert, wolle man den Menschen nicht zu „Bruchstückhaftigkeit" erziehen. — Es geht also um die Erziehung zu Lebenstüchtigkeit *und* Lebenserfülltheit, zum Halt im tätigen und im empfangenden Leben, wie *Moor* es bezeichnet.[28])

Auch der Geistigbehinderte bleibt zwangsläufig unter seinen Möglichkeiten, wird zum menschlichen Zerrbild, wenn seine Lebenserfülltheit vernachlässigt wird, wenn man ihn unter Nichtbeachtung seiner inneren Bedürfnisse zu bestimmten Fertigkeiten dressiert.

Allerdings werden seine Lebenserfülltheit und seine Lebenstüchtigkeit *von eigenständiger Struktur* sein und nicht mit den Maßstäben des geistig nicht Behinderten gemessen werden dürfen. Dieses Anderssein ist jedoch kein minderes Sein; denn das hat der geistig Behinderte mit jedem anderen Menschen gemeinsam: daß er stets nur er selber sein kann. Die eigene Grenze, das Abweichen von einer lediglich gedachten Norm gehört geradezu zur Definition des Menschen als Menschen, der in diesem Sinne also in jedem Falle „Mängelwesen", Behinderter ist.

Je mehr man dies einzusehen bereit ist, desto weniger wird man sich beunruhigt fühlen, wenn Geistigbehinderte auf ihre Weise erfüllt und tüchtig neben uns, mit uns leben, wenn sie manches von dem nicht können, was andere mit mehr oder minder großer Fertigkeit und Verantwortung vermögen und für besonders wichtig halten.

1. Fehlziele

Die bei Eltern und anderen Erziehern Geistigbehinderter verständlicherweise häufig vorliegende Unsicherheit, die meist auf einer Rat-losigkeit im wörtlichen Sinne fußt, bringt es mit sich, daß immer wieder Erziehungsziele angestrebt werden, die sich als bedenklich, trügerisch, unerreichbar, verengt oder als unsicher erweisen.

Hier sind einmal die *überhöhten Ziele* ins Auge zu fassen, die an konventionellen Vorstellungen orientiert sind. Das Kind, heißt es, soll wenigstens etwas von dem mitbekommen, was andere wissen und können, einige Namen, Begriffe, Formeln. Es soll wissen, daß Afrika ein Erdteil ist, daß *Goethe* ein Dichter war, daß $2 + 2 = 4$ ist; wenigstens einige Buchstaben soll es lernen — auch wenn die näheren Zusammenhänge nicht erschlossen werden können. Mit schmerzlich anmutendem Bemühen wird hier mitunter ein *Bildungsabglanz* vermittelt, der dem geistig Behinderten zu gar nichts dient. Kostbare Zeit und große Mühe wird auf diese Weise vertan, obschon beides in außerordentlich sinnvoller, wenn auch wesentlich schlichterer Weise angewandt werden könnte.

Das Scheitern auf dem Wege zu überhöhten Zielen führt die Eltern nicht selten zu einer Art erzieherischer Kapitulation, zu einer Resignation, die sich in der Form *verkümmerter Ziele* ausdrückt.

Teils in echter Vorsorge, teils in berechtigtem Wunsche nach ein wenig Entlastung, teils aber auch gedrängt von einer weitgehend an ökonomischem Nutzen orientierten Öffentlichkeit wird nicht selten in erster Linie die *Brauchbarkeit* des geistig Behinderten angestrebt. Wenn er auch nicht in den Stand versetzt werden kann, sich einmal seinen ganzen Lebensunterhalt selbst zu verdienen, so soll er doch vor allem dazu angeleitet werden, sich nützlich zu machen und in diesem Sinne ein wertvolles Glied der Gesellschaft werden. Gelegentlich wird geradezu argumentiert, daß die Einrichtung einer Erziehungsstätte für Geistigbehinderte sich doch lohne, indem sich die aufgewandte Mühe später durch die Arbeitskraft der Behinderten, die erzielt werde, in gewissem Maße auszahle.

Zwar ist es unbestritten, daß auch der geistig Behinderte nach Kräften den Ansprüchen der Gesellschaft nachzukommen hat, daß er ebenso im Familien- wie im Berufsrahmen Arbeiten, Aufgaben, Pflichten zu übernehmen hat und daß gerade deren Bewältigung und das Gefühl, daß es auf ihn ankommt, daß man auf ihn rechnet, viel zu seiner Lebenserfülltheit beizutragen vermag. Jedoch ist eine einseitige Festlegung der Erziehungsarbeit auf das Ziel der „Verwendbarkeit", wie es dem Rentabilitätsdenken unserer Zeit entspricht, insofern äußerst fragwürdig, als sie den Menschen zum Mittel, zum Gegenstand degradiert und dazu angetan ist, unausgesprochen seine Existenzberechtigung und alle erzieherischen Bemühungen für den Fall in Frage zu stellen, daß sich seine „Brauchbarkeit" als unzureichend erweist.

Ebenso wie solche auf das Ziel der „Verwendbarkeit" ausgerichteten Bemühungen sind einseitige Bestrebungen zur *Unauffälligmachung* des Behinderten lediglich Abrichtung für die Zwecke der Umwelt, die den Behinderten zwar bisweilen gefügig, griffig, handlich machen können, ihn jedoch weitgehend seiner Menschlichkeit berauben.

Auch Tüchtigkeit und Einordnung sind beim Geistigbehinderten dagegen in wesentlich größerem Umfange und oft überhaupt nur dann zu erwarten, wenn sie nicht zum Hauptzweck der Erziehung werden, sondern wenn es vorab und vor allem um den Behinderten in seiner Menschlichkeit selbst, um seine Aufschließung, Bereicherung und Erfüllung geht.

Weder überhöhte noch verkümmerte Ziele ermöglichen jedenfalls dem Geistigbehinderten ein angemessenes Leben, ja sie liefern ihn geradezu der Gnade und Ungnade der Umwelt aus, was im Hinblick auf Lebensphasen, in denen ihm seine Eltern nicht mehr zur Seite stehen können, von oft tragischer Tragweite ist.

Angesichts der Hoffnungen und Enttäuschungen, des erneuten Sichaufraffens und wieder Verzagens der Erzieher des Geistigbehinderten ist es begreiflich, daß noch eine andere Art von Fehlzielen der Beachtung bedarf: Es sind die *unsteten Ziele*, die wie Irrlichter einmal hierhin und einmal dorthin weisen, die eine Weile den Weg bestimmen, aber durch die Meinungen der Umwelt wieder versetzt, wegen der Beschwerlichkeit des Weges aus den Augen verloren werden oder sowohl nach dieser wie nach jener Richtung hin verlocken. Oft in tragischem Zwiespalt zwischen der sich als handfest anbietenden Erziehung zu Brauchbarkeit und der Verlockung, wenigstens einen Abglanz der konventionellen Bildung zu vermitteln, zwischen dem Versuch, vielleicht doch ein Stück Grundschule zu erobern und dem Hange des Kindes, verwöhnungs- und pflegebedürftig zu bleiben, ergibt sich aus Wechsel und Vielzahl der Ziele letztlich jene Ziellosigkeit, wie sie den Wanderer in die Irre treibt. Er kommt nirgendwo an; soviel er auch geht, geht er vergebens.

Nicht zuletzt wegen der Gefahren gerade dieser Unstetigkeit, die letztlich aus der begreiflichen Unsicherheit des für die extrem schwere Erziehungsaufgabe kaum je hinreichend gerüsteten Erziehers geistig behinderter Kinder entspringt, ist es erforderlich, möglichst konkret zu beschreiben, in welcher Richtung zu gehen sinnvoll ist.

2. Zielrichtungen

Wenn eingangs aufgezeigt wurde, daß Erziehung sowohl Lebenstüchtigkeit als auch Lebenserfülltheit anzustreben habe, gilt es nun genau zu ermitteln, was Erfülltheit und Tüchtigkeit angesichts der Erziehbarkeit, der offengebliebenen Möglichkeiten des Geistigbehinderten bedeuten.

Angesichts der Bedeutung der *Lebenserfülltheit* für die Lebenstüchtigkeit ist zunächst zu fragen, was vor allem dazu gehört, daß sich der Geistigbehinderte als erfüllt erlebt, daß er nicht ein bloßes Dasein fristet.

Als erste Voraussetzung ist hier das *Sich-zu-Hause-fühlen* in dieser Welt zu nennen, das *Sicherheit* und das *Gefühl des Angenommen- und Mitgetragenseins* einschließt. Es beruht letztlich auf der persönlichen, engen *Bin-*

dung zur Mutter, zum Vater oder zu einem ähnlich vertrauten, zugewandten, bejahenden Menschen. In solchem verläßlichen, dauerhaften Bezug wird Erziehung nicht nur überhaupt erst ermöglicht, sondern hat bereits schon begonnen in der Form eines fundamentalen Gebens, eines Daseins und Dableibens für den anderen.

Aus der Erfahrung solcher Verläßlichkeit wachsen *Vertrauen* und *Erwartung*, also Zuständlichkeiten, welche die Augenblickhaftigkeit des Daseins sprengen und die Dimensionen der Vergangenheit und Zukunft eröffnen, Erinnerung und Phantasie ermöglichen und zugleich das Gefühl des Selbstseins und des Selbst-etwas-wert-seins entfalten. Ohne dieses *Selbstwertgefühl*, d. h. ohne das Gefühl, zumindest einem anderen etwas zu bedeuten, bleibt auch der Geistigbehinderte sich selbst leer — wie jeder Abgewertete, Abgelehnte.

Aber ein weiteres gehört zu diesem „Etwas bedeuten", nämlich das *Einer-Aufgabe-gewürdigt-werden*, jenes Beschenktwerdens mit etwas, das man tun darf, wobei zugleich auch vertraut wird, daß man es tun kann. Hierdurch bekommt das Leben Richtung und weiteren Reichtum. Insofern ist Aufgabe also im eigentlichen Sinne Gabe und nicht Last. So begrenzt diese Gabe für den Geistigbehinderten zumindest anfangs auch sein mag, sie gibt seinem Leben erst erfüllenden Sinn, indem sie diffuse Antriebe auf ein vorgegebenes Ziel hin formiert und spannt. Werden ihm dagegen Aufgaben versagt oder vorzeitige Hilfen gegeben, bleibt es arm und öde in ihm.

Ebenso wie diese Ermöglichung der *Orientierung* auf ein Ziel hin aus dem Gleichgültigen etwas Bedeutsames formiert, wird auch die Umgebung, die unmittelbare Umwelt, zur eigenen erlebten Welt, wenn sie dem geistig Behinderten geöffnet, gezeigt, verlebendigt wird, wenn man ihn an sie heran und in sie hineinführt und ihm Gelegenheit gibt, sich mehr und mehr in ihr zurechtzufinden, d. h. ihm Wohnung, Straße, Geschäfte nicht versperrt, sondern vielmehr Schritt für Schritt aufschließt.

Dazu gehört auch, daß man ihn mit Zeichen, Worten, Namen, mit Regeln und Ordnungen seines Lebensbereiches vertraut macht, sie immer erneut erklärt, wiederholt erleben läßt, damit ihm die Welt mehr und mehr sagt.

Nicht zuletzt aber muß er *teilhaben dürfen an Freude und Kummer* der anderen, muß erfahren, was Dankbarkeit ist durch Dank, den man ihm erweist, was Achtung vor Menschen und Dingen ist durch den achtsamen Umgang der anderen.

Im Miterleben, im Angesprochensein von Dingen, im Erfassen einzelner Zusammenhänge, im Sich-zurechtfinden, im Mühen um eine Aufgabe, im Gefühl, anderen etwas zu bedeuten, im Vertrauen auf die Verläßlichkeit des Nächsten, im Sich-angenommenfühlen, im Zu-Hause-sein in einer Welt, die zu ihm spricht, die ihm etwas sagt, die eine Welt für ihn ist, die nicht leer, gleichgültig und tot ist, besteht die Lebenserfülltheit des Geistigbehinderten, die seinem Leben Sinn gibt, es vom bloßen Dasein zum Menschsein werden läßt.

Versagt man ihm hingegen diese Teilhabe, weil man meint, er wäre ihrer nicht fähig, oder der Weg sei zu weit, oder man könne ihn auch direkter zu „nützlichem Tun" bewegen, schreibt man ihn als Menschen im Grunde ab.

Auch die Lebenstüchtigkeit als die andere Seite des Zieles der Erziehung des Geistigbehinderten ist nach Umfang und Intensität letztlich davon abhängig, inwieweit sie zur Lebenserfülltheit beiträgt und nicht bloße Verwendbarkeit ist. Im Erleben des gezielten Strebens, des Könnens und des Anerkanntwerdens erst steigert sie sich zu ihrem Optimum.

Lebenstüchtigkeit entsteht beim Geistigbehinderten nur in geringem Maße spontan — als zwangsläufige Verwirklichung innerer Erfülltheit. Es bedarf vielmehr der unermüdlichen Anleitung in winzigen Schritten — einer Anleitung jedoch, die als Gabe, als Geschenk zu geben ist. Soll die Erziehung zur Lebenstüchtigkeit ihre volle Wirksamkeit entfalten, muß sie *als Ermöglichung bereichernden Miteinanderlebens* und sinnvollen Tätigseins angestrebt, nicht aber als bloße Bürde aufoktroyiert werden.

Fragt man nun, worin die Lebenstüchtigkeit des Geistigbehinderten angesichts seiner offengebliebenen Möglichkeiten im einzelnen bestehen kann, so ist zuerst an die *Umgänglichkeit* zu denken; denn von ihr hängt es weitgehend ab, ob und inwieweit die Umwelt bereit ist, ihn aufzunehmen, ihn mitzutragen und ihm das lebensnotwendige Wohlwollen entgegenzubringen, ohne das er verkümmern muß. Angefangen von der Kontaktfähigkeit und den Umgangsformen bis zur Rücksichtnahme und Hilfsbereitschaft reicht die Skala der kleinen guten Gewohnheiten, derer auch der Geistigbehinderte bedarf und die er am ehesten erlernt, wenn man ihm selbst tagtäglich in der nämlichen Weise begegnet und bereit ist, sich von ihm genauso an die Regeln erinnern zu lassen, wie man ihn mit Zeichen unermüdlich auf dem Wege halten muß.

Von nicht minder großer Bedeutung ist die weitmögliche *Selbständigkeit* des Geistigbehinderten in der Besorgung seiner täglichen Bedürfnisse — und zwar ebenso zur Bereicherung seines Könnenserlebnisses wie zur Entlastung der Umwelt und zur Erreichung einer gewissen Unabhängigkeit für Zeiten, in denen er auf Fremde angewiesen ist. So soll er neben der einfachsten Selbstbesorgung und Körperpflege lernen, sich räumlich und zeitlich zu orientieren und verhaltenssicher zu werden.

Kaum je wird es die Differenziertheit von Arbeiten sein, wodurch er die Wertschätzung der Umwelt erwirbt, sondern die *Anstelligkeit* bei der Erledigung klarer, überschaubarer Aufgaben. Darum gilt es besonders, ihn in dieser Richtung zu rüsten, ihm umgrenzte Aufgaben und regelmäßige Pflichten zu geben, ihn ausführlich anzuleiten, jeden wirklichen Erfolg — und sei er noch so klein — zu bemerken, allem „Ungefähr" dagegen mit erneuter Klarstellung zu begegnen. Daß solche Anleitung beträchtliche Zeit kostet und daß der Erzieher die betreffenden Arbeiten im einzelnen rascher selbst erledigen könnte, steht außer Frage; doch wirkt sich letztlich die aufgewandte Mühe nicht nur positiv für den Geistigbehinderten selber aus, sondern sie bringt auch dem Erzieher wirkliche Entlastung: 10 Stunden der Anleitung sparen im Laufe der Zeit schließlich doch 20, 60 oder 100 Stunden des Selbertunmüssens ein.

Von ähnlich fundamentaler Bedeutung sind *Körperbeherrschung* und *Geschicklichkeit*. Von Haltungsübungen erstreckt sich hier der Bereich des Möglichen und Notwendigen, der entgegen dem oft zu beobachtenden Hange des geistig Behinderten zu Untätigkeit, Bewegungsstereotypie oder Bewegungsunsicherheit zu eröffnen ist, bis zur Übung gezielter, koordinierter, rhythmischer und differenzierter Bewegungsabläufe.

Ferner bedarf es der *Wahrnehmungstüchtigkeit*, daß mit *Augen und Ohren*, mit *Tast-, Geruchs- und Geschmackssinn* aufgenommen und unterschieden werden kann und daß neben der Auffassungsdifferenzierung das Behalten und Wiedererkennen geübt ist.

Mit der musischen Erziehung, der Erziehung zur *Darstellungstüchtigkeit* und *Handfertigkeit* werden neben Ausdrucks-, Entlastungs- und Verständigungsformen und neben Vorformen arbeitsartiger Vollzüge in entscheidendem Maße auch Erfassungs- und Ausklärungsprozesse gegenüber der Welt gepflegt.

Ein weiteres Feld, das es dem Geistigbehinderten so weit als möglich zu erschließen gilt, ist die *Sprachtüchtigkeit,* durch die er differenzierter mitzuteilen und Antwort zu geben vermag als durch stumme Gebärde, die ihn aber zugleich auch einbezieht in die Welt des Wünschens und Mitteilens der anderen. Neben der Mitteilungsfunktion der Sprache kommt ihr aber eine bedeutsame Schlüsselfunktion für die Eröffnung der geistigen Welt zu. Mit jedem Namen, mit jedem Worte, mit jedem winzigen Satze wird der Geistigbehinderte ihrer mehr teilhaftig und gewinnt dabei mit zunehmender Tüchtigkeit zugleich an innerer Erfülltheit. Darum lohnt es sich, die bequeme Gebärde zu vermeiden und statt dessen mit ihm zu sprechen und ihn immer wieder zu präzisem Sprechen anzuregen, zum Mitteilen wie zum Fragen.

Auch die Anbahnung einfachster *Denkvollzüge*, die Einführung in das Gegenstands-, Regel-, Zeichen- und Zahlenverständnis, ist ebenso wie die Erziehung zu *gemüthafter Teilhabe* und die *religiöse Erziehung* ebenso unter dem Aspekt der Tüchtigkeit zu sehen wie unter dem der Lebenserfülltheit.

Hinsichtlich des in anderem Zusammenhange erörterten Begriffs der „praktischen Bildbarkeit" des geistig behinderten Kindes mag gerade die

Aufgabe, einfachste Denkvollzüge anzustreben, als widersprüchlich erscheinen.

Darum bedarf es ausdrücklicher Hervorhebung, daß unter praktischer Bildbarkeit vielmehr die Methode des Lernens im Sinne des anschaulich-vollziehenden Lernens zu verstehen ist als die inhaltliche Seite des Lernerfolges.

Auch bei Geistigbehinderten wird auf dem Wege des anschaulich-vollziehenden Lernens die allmähliche Bildung von Dispositionen angestrebt, die ihrerseits alles andere als konkret in banalem Sinne sind. Auch sog. „Handdenken" ist „Denken", das zwar nicht durch Bewußtseinsnähe gekennzeichnet ist, jedoch keineswegs als bloß physische Erscheinung zu sehen ist.

Auch praktische Erziehung und Bildung zielt letztlich auf die Entfaltung des geistigen Bereichs, auf geistige Artikulation, obschon sie dabei aus guten Gründen unanschaulich-begriffliche Wege meidet.[1])

Wenn nun im Voraufgegangenen geschildert wurde, in welcher Art dem Geistigbehinderten wirkliche Lebenshilfe geboten werden kann, so muß doch betont werden, daß es sich dabei keineswegs um einen festen, für jeden einzelnen zutreffenden Kanon handeln kann. Angesichts der Verschiedenartigkeit der Kinder und Jugendlichen, die hier stark vereinfachend als die Geistigbehinderten bezeichnet werden, wäre eine Uniformierung und Nivellierung des Erziehungszieles höchst unangemessen.

Obgleich aber die individuellen Möglichkeiten hier wie in kaum einem anderen Erziehungsbereiche besonderer Beachtung bedürfen, muß doch auch hervorgehoben werden, daß es hier wie in kaum einem anderen Erziehungsbereiche verhängnisvoll ist, wenn man einzelne Möglichkeiten überschätzt und einseitig pflegt und daneben andere, deren Förderung von fundamentaler, lebenstragender Bedeutung ist, vernachlässigt. Wer im Bereiche der Erziehung des Geistigbehinderten das Ziel zu hoch steckt, verfällt leicht der lähmenden Resignation oder erzieht zu „Bruchstückhaftigkeit" und opfert den Menschen als Menschen.

Besser ist es darum, ein mit einiger Sicherheit erreichbares Ziel anzustreben und es zu erweitern, wenn sich auf dem Wege die Möglichkeiten über die ersten vorsichtigen Hoffnungen hinaus entfalten.

Eines bleibt jedoch in der Erziehung des Geistigbehinderten wie in aller Erziehung unaufhebbar: *Die Erreichung des Zieles ist nicht machbar,* sie steht letztlich nicht in der Hand des Erziehers.[29]) Er verfügt nicht über den Erziehungsprozeß, er kann nur zu seiner Ermöglichung beitragen. Dies allerdings kann er — und je sachkundiger, einfühlsamer, nüchterner er es tut, desto eher wird er dem Kinde dazu verhelfen, die ihm erreichbare Menschlichkeit zu erlangen.

3. Einzelne Erziehungsaufgaben[30])

„I. Sozialerziehung (Erziehung zur Umgänglichkeit)

a) Umgangsformen
Grüßen (Wiedergrüßen, Handgeben, Mütze abnehmen, Handschuhe ausziehen, Verbeugung, Knicks, Grußformeln, Verabschiedung), Bitte- und
Dankesagen, um etwas bitten, beim Grüßen und im Gespräch den anderen ansehen, anklopfen, gratulieren, sich entschuldigen, Zurückhaltung,
keine Menschen unnötig auf der Straße ansprechen, nicht mit Fremden
mitgehen, keine Geschenke von Fremden annehmen, nicht betteln.

b) Anstand
Mund schließen, Hände vom Gesicht (Nase), ordentlich sitzen, Hände
nicht in Taschen, nicht kratzen, nicht an allen Dingen herumlutschen,
keine Gesichter schneiden, Zunge nicht herausstrecken, Taschentuchbe-
nutzung, Vermeidung häßlicher Ausdrücke, nicht an Geschlechtsteilen
spielen.

c) Rücksichtnahme
Andere nicht stören, nicht unterbrechen, nicht vordrängeln, schubsen,
stoßen, treten; hinter anderen durchgehen, Platz machen, fremden
Besitz achten, beim Gähnen, Niesen, Husten Hand vor den Mund.

d) Hilfsbereitschaft
Tür aufhalten, Hingefallenes aufheben, tragen helfen, in den Mantel
helfen, Mantel abnehmen, Platz anbieten, zureichen, aushelfen, mit-
helfen, Aufmerksamkeit gegenüber Schwächeren.

e) Kontaktfähigkeit
Verträglich nebeneinander sitzen, spielen, arbeiten, miteinander spielen,
arbeiten, Einordnung, teilnehmen und teilnehmen lassen an den Leistungen und Erlebnissen, abgeben, teilen, schenken, Folgsamkeit.[31])

II. Lebenspraktische Erziehung (Erziehung zur Selbständigkeit)

a) Selbstbesorgung
Toilette allein benutzen einschließlich sich säubern, Kleider ordnen,
Raum ordnen, Hände waschen.

b) Aus- und Ankleiden
Mantel, Jacke ausziehen, andere Kleidungsstücke ausziehen, einfache
Kleidungsstücke anziehen, Knöpfe, Druckknöpfe, Reißverschlüsse,
Schnallen, Haken und Ösen, Schleifen öffnen und schließen, Kleidung
an Haken, Bügel, in Schrank und Fach.

c) Essen und Trinken
Frühstücksbrot selbst auspacken und essen, essen mit Löffel, Gabel,
Messer und Gabel, sich selbst auftun, trinken aus Becher, Glas, Tasse,

mit Strohhalm, sich Getränke eingießen, nicht mit vollem Mund sprechen oder trinken, Mund abwischen, Brot streichen, Besteck ablegen, gemeinsames Beginnen und Beenden der Mahlzeiten, ablegen von Speiseresten, Hygiene bei Besteckbenutzung usw., Beachtung der Tischmanieren (nicht schlürfen, Nachbarn nicht behelligen usw.), Selbstverpflegung s. III. (Arbeitserziehung).

d) Körperpflege
Nase putzen, Hände waschen, abtrocknen, Gesicht waschen, Mund spülen, Zähne putzen, Haare kämmen, bürsten, Körper waschen, baden, duschen, Hautpflege (Creme), Fingernägel mit Bürste reinigen, Monatshygiene, rasieren, Nagelreinigerbenutzung, Nägel schneiden, Ohren vorsichtig reinigen, einfachste Wundversorgung.

e) Alltagshandgriffe
Tür, Schranktür, Schubfächer leise öffnen und schließen, Tür mit Riegel, Haken oder Schlüssel öffnen und verschließen, Lichtschalter, Wasserhahn, Radio bedienen, Telefonanruf annehmen, Telefonanschluß wählen.

f) Räumliche und zeitliche Orientierung
Zurechtfinden in Wohnung, Haus, Wohnblock, Wohngebiet, hinfinden zu bestimmten Zielen, Angabe von Wohnung, Schule usw., einfachste Zeitorientierung im Tagesablauf.

g) Verkehrssicherheit
Bürgersteig benutzen, Überquerung der Straße (nach links und rechts sehen, nicht hinter Autos), Zebrastreifen, Verkehrsampel, Schutzmann, Druckampel, einfache Verkehrsschilder, ein- und aussteigen (Omnibus, Straßenbahn usw.), Verhalten im Verkehrsmittel (Festhalten, weg von Türen, Fahrschein lösen, umsteigen), s. auch I. (Sozialerziehung).

h) Kleiderpflege
Schonung der Kleidung, Benutzung von Schürze usw., Behandlung nasser Kleidung, Kleidung zusammenlegen, ausbürsten, Schuhe putzen, Flecken entfernen, Knopf annähen, Strümpfe auswaschen.

III. Arbeitserziehung (Erziehung zur Anstelligkeit)

a) Aufräumen
Sachen nach Gebrauch verwahren (Kiste, Fach, Schrank, Tasche), Stühle um Tisch ordnen, forttragen, hochstellen, Spiel-, Lern- und Arbeitsgerät an Ort und Stelle bringen, für Ordnung sorgen am eigenen Platz und im Raum (Papier aufheben usw.).

b) Raumpflege
Tisch abwischen, Wandtafel reinigen, Staub wischen, Staub saugen, ausfegen, moppen, aufkehren, Papierkorb und Mülleimer leeren, aufwischen, Waschbecken und WC reinigen, Decken falten, Betten machen.

c) Küchenarbeit
Tisch abräumen, decken, abwischen, Geschirr und Besteck abtrocknen, spülen, einräumen, Besteck putzen, Töpfe reinigen, Lappen ausspülen, Brot mit Maschine schneiden, Kartoffeln mit Schäler schälen, Gemüse putzen, Flaschen, Gläser, Büchsen öffnen, kalte Getränke zubereiten, Wasser, Eier, Kaffee, Kartoffeln, Suppe, Gemüse kochen.

d) Besorgungen
Bestimmte Dinge in Raum, Haus, Nachbarschaft usw. holen und fortbringen, Hausbriefkasten leeren, Brief fortbringen, einkaufen mit Zettel, mündlichen Auftrag ausrichten, etwas erfragen, einkaufen ohne Zettel, einkaufen in verschiedenen Geschäften.

e) Wäschepflege
Wäsche legen, aufhängen, abnehmen, sprengen, bügeln, einräumen, bestimmte Wäschestücke waschen — evtl. mit Waschmaschine, einfaches Ausbessern.

f) Blumen-, Garten-, Hof- und Tierpflege
Pflanzen gießen, Wege und Hof fegen bzw. harken, hacken, jäten, Laub fortharken, Rasen mähen, graben, ernten, pflanzen, säen, Tierpflege, Schnee räumen.

g) Kleine berufsartige Tätigkeiten
Arbeitshaltung s. IX (Gemütserziehung)

IV. *Leibeserziehung*[32]) (Erziehung zur Körperbeherrschung)

a) Erziehungsgebiete
Krabbeln, kriechen, aufstehen, hinsetzen, gehen (auf Linie, Kreis usw., vorwärts, rückwärts, schnell, langsam usw., mit Ball, Glas, Tablett usw.), laufen, Wettlauf, Treppe steigen (mit, ohne Geländer), Treppe herabsteigen, hüpfen, herab-, weit-, hochspringen, balancieren auf und mit Dingen, stehen auf einem Bein, klettern (Stuhl, Leiter, Baum usw.), ziehen, heben, werfen (zielen, weitwerfen, fangen), einfache Bewegungsspiele, Übungen mit einfachen Geräten (Ball, Stab, Reifen, Seil, Kasten usw.), schwimmen, wandern.

b) Erziehungsprinzipien
Haltung, Bewegungsdifferenzierung, -koordinierung und -rhythmisierung, Gezieltheit, Tempo, Kraft, Ausdauer, Einordnung (Partner- und Gruppenübungen).

V. *Sinnesschulung*[32]) (Erziehung zur Wahrnehmungstüchtigkeit)

a) Augenschulung
Erfassung, Unterscheidung, beschleunigte Erfassung von Bewegungen (Verfolgen von Bewegungen), Farben, Farbnuancen, Helligkeitsgraden, Formen, Kleinformen, Entfernungen.

b) Gehörschulung

Erfassung, Unterscheidung, beschleunigte Erfassung, Lokalisierung von Geräuschen und Klängen in bezug auf Stärken, Richtungen, Entfernungen, Tonhöhen, Rhythmen, Melodien.

c) Tastschulung

Erfassung, Unterscheidung, beschleunigte Erfassung von Formen (Gegenstandsart; rund, eckig usw.) Beschaffenheiten (Material; rauh, glatt, heiß, kalt, weich, hart, flüssig, fest usw.), Berührungsempfindung (Bestimmung und Lokalisierung von Berührungen des eigenen Körpers).

d) Geruchsschulung

Erfassung, Unterscheidung, Lokalisierung von Gerüchen, Düften.

e) Geschmacksschulung

Erfassung, Unterscheidung, beschleunigte Erfassung von Geschmacksarten (süß, sauer usw.).

f) Bewegungs- und Raumsinnschulung

Erfassung von Eigenbewegung, Eigenbewegungstempo, Körperschema (Körperlage, Gliederlage), Standpunkt im Raum s. auch IV. (Leibeserziehung).

VI. Musische Erziehung[33]) (Erziehung zur Darstellungstüchtigkeit einschließlich Handfertigkeit)

a) Bauen

mit Holzklötzen, Lego, Matador, Baufix usw., mit Steinen, Brettern, Schachteln, Büchsen, nachbauen, legen, stecken, schrauben.

b) Formen

mit Sand, Ton, Knetmasse, Schnee; nachformen.

c) Malen

mit Händen, Fingern, Schwamm, Kreide, Wachsfarben, Buntstiften, Pinsel, Bleistift; nachzeichnen; drucken.

d) Werken

falten, flechten (Papier, Rohr, Bast), Papier reißen und schneiden — auch nach Mustern, kleben, fädeln, sticken (Karten), biegen (Draht) nähen, weben, Gestaltung von Naturmaterial, einfachste Holzarbeiten.

e) Darstellendes Spiel

Spiel mit Puppen, Ausdrucksspiel, Nachahmungsspiel, Rollenspiel (Mimik, Gestik, Wort).

f) Musizieren

Melodisches Rufen, singendes Fragen und Antworten, mit- und nachsingen einfacher Lieder, im Rhythmus sprechen, klatschen, klopfen usw., Begleitung mit einfachen Instrumenten; erleben guter Musik

(Plattenspieler, Rundfunk usw.); einfache Melodieinstrumente (Block-flöte usw.) spielen.

VII. Spracherziehung[34]) (Erziehung zur Sprachtüchtigkeit)

a) Funktionsübungen
   Atem-, Zungen-, Lippen- und Stimmübungen (blasen, brummen, sum-men, piepen usw.).

b) Erziehungsgebiete
   Laute nachahmen, ausrufen, benennen von Sachen und Tätigkeiten, bitten, danken usw. [vgl. I. a) Umgangsformen], einfache Mitteilungen, Fragen, Auskünfte (ich heiße . . . , wohne . . . , gehe in die . . . -schule, bin . . . Jahre alt, meine Eltern heißen . . . , mein Lehrer heißt . . .), Sprachschatz des Alltags, Sprichwörter, Reime und Verse, Gedichte, Lieder, einfache Erzählungen und Geschichten.

c) Erziehungsprinzipien
   Sprachoffenheit (Zuhörbereitschaft), Sprachverständnis, Sprechbereit-schaft, Sprechtüchtigkeit, Abbau von Sprachfehlern (Stammelfehler, Poltern usw.).

VIII. Verstandeserziehung[35]) (Anbahnung einfachster Denkvollzüge)

a) Gegenstandsverständnis
   Wahrnehmen, vorstellen, wiedererkennen und unterscheiden von Per-sonen und Gegenständen.

b) Regelverständnis
   Erfassung von Regelmäßigkeiten und Ordnungen zeitlicher, räumlicher, funktioneller und sozialer Art (z. B. aufstehen — waschen — früh-stücken; bestimmter Platz für bestimmte Dinge; Knopf drücken — klingeln — danken). Erfassen einfacher Regeln (z. B. Händespiele, Wettlauf, Lotto, Domino, Mensch ärgere dich nicht, Memory). Erfas-sen einfacher Wirkungszusammenhänge.

c) Zeichenverständnis
   Erkennen und unterscheiden von Gebärden, Kennzeichen, Signalen, Symbolen (vom wirklichen Gegenstand über Modell, halbplastische Darstellung, Buntbild, schwarz-weiß Bild zu Schemabild und Symbol); erfassen und benennen von Bildern, zuordnen von Bildern, ordnen, sortieren; beschreiben und deuten von Bildern, erkennen von Einzel-heiten, unterscheiden; erfassen von Bildergeschichten, ordnen von Bil-dern nach Ereignisablauf; erfassen und abzeichnen von Bildzeichen (Pfeil, Telefonhörer usw.), von Wort- und Buchstabenzeichen (Schilder: Halt, Damen, Herren, Bus „B", Vor- und Zuname, Anschrift) und von Zahlenzeichen (z. B. Straßenbahnlinie 12); wiedererkennen einzelner

Buchstaben in verschiedenen Zusammenhängen, Erweiterung des Bild-, Buchstaben-, Wort- und Ziffernverständnisses ggf. bis zum sinnentnehmenden Lesen und zum Schreiben.

d) Zahlenverständnis

Einfache Mengenbegriffe (viel, wenig usw.), gliedern und vergleichen von Mengen, zählen von Sachen, Geräuschen, Berührungen usw., einfache Zahlbegriffe (Würfel, Domino usw.), anschauliches Wegnehmen und Zulegen, Ziffernverständnis, Münzenkenntnis, Uhr (volle und halbe Stunde), Verständnis für einfache zeitliche und räumliche Verhältnisse, Umgang mit einfachsten Maßen und Gewichten.

IX. Gemütserziehung[36]) (Erziehung zu gemüthafter Teilhabe)

Bindung an Menschen (Geborgenheit, Sicherheit, Vertrauen), Teilhabe am Erleben des Nächsten (Mitfreude, Mitleid, Dankbarkeit); Achtung vor Menschen und Dingen, Respektierung von Geboten, Verboten, fremdem Besitz; Verträglichkeit, Hilfsbereitschaft, Tierliebe, Naturliebe; Erziehung zur Ablehnung von Häßlichem und Bösem (Ekel, Scham, Reue), vgl. auch I. (Sozialerziehung).

Verhältnis zu Aufgaben:
Aufgabenergriffenheit, Willigkeit, Sorgfalt, Sauberkeit, Ausdauer, Zuverlässigkeit, Pünktlichkeit, Zielstrebigkeit, Selbstvertrauen.

X. Religiöse Erziehung[37])

Gemäß den zuständigen Richtlinien"[30])

Für die Arbeit in den einzelnen Erziehungsbereichen empfiehlt sich ein stufenweises Vorgehen unter besonderer Berücksichtigung der fundamentalen Lebenserfordernisse des geistig behinderten Kindes.

Die hierzu gegebenen Anregungen sind innerhalb der Bereiche und ihrer Untergebiete nach Möglichkeit vom Leichten zum Schweren hin gestuft.

Eine strenge Einteilung etwa nach Unter-, Mittel- und Oberstufe erschien dabei jedoch wegen der unterschiedlichen örtlichen Arbeitsverhältnisse und wegen der individuellen Entwicklungsdifferenzen bei den verschiedenen Kindern nicht zweckmäßig.

Natürlich sind die aufgeführten Erziehungsaufgaben keinesfalls als bloße Gesprächsthemen zu verstehen. Sie sind vielmehr durchgängig Handlungsthemen, die zudem fortgesetzter praktischer Wiederholung und Berücksichtigung bedürfen.

Zwar eignen sich manche der Aufgaben als Schwerpunkt für eine größere Arbeitseinheit. Häufig ist jedoch ihre Einbettung in kindgemäße Spiel-,

Arbeits- und Gesprächsbereiche etwa unter bestimmten Leitthemen umfänglicherer Art sinnvoll.

Zur Geschlechtserziehung

Als besondere Aufgabe verdient die Geschlechtserziehung erwähnt zu werden.

Beim geistig behinderten *Jungen* ist vor allem der Gefahr homosexueller Verführung, exzessiver Onanie und sexueller Zudringlichkeit gegenüber dem anderen Geschlecht vorzubeugen.

Hierzu ist die Beachtung folgender Maßnahmen unerläßlich: Verzicht auf eine ausführliche „Aufklärung", welche die wirklich vorhandenen Fragen überschreitet; Vermeidung von Handlungen (übertriebene Zärtlichkeiten, Streicheln, Küssen usw.), Gesprächen und sonstigen Einflüssen (bestimmte Filme, Fernsehsendungen usw.), die zur Weckung und Anregung des Geschlechtstriebes angetan sind; Einführung unverfänglicher Zeichen gegenseitiger Zuneigung (Augenkontakt, Zunicken, Schulterklopfen, Worte); Verzicht auf Bedrohung und Strafe hinsichtlich der Onanie oder anderer unerwünschter sexueller Verhaltensweisen zugunsten positiver Maßnahmen; Erziehung zu Schamhaftigkeit von frühester Kindheit an („das tut man nicht!"); Sorge für ausreichende körperliche Auslastung durch Spiel, Arbeit, Sport, Beachtung maßvoller Mahlzeiten und Nachtruhe; Beaufsichtigung der Schul- und Berufswege sowie der Freizeitbeschäftigung.

Bei geistig behinderten *Mädchen* ist insbesondere der Gefahr des Verführtwerdens vorzubeugen. Prinzipiell gelten die für Jungen genannten Grundregeln. Zusätzlich ist besonders auf zurückhaltende Kleidung zu achten. Ein rechtzeitiges Vertrautmachen mit den Gegebenheiten der Monatshygiene ist unerläßlich.[43])

Leitthemen für die Arbeit in den einzelnen Erziehungsbereichen

Unterstufe
Vater, Mutter, Geschwister
Zimmer, Wohnung, Haus
Omnibus, Straßenbahn
Nahrung, Kleidung
Wir helfen
Unsere sieben Sachen
Tageslauf, Feste, Feiern

Mittelstufe
Verwandte und Nachbarn
Haus, Garten

Straße
Körperpflege, bei Tisch
Blumen, Bäume, Tiere
Geschäfte, Berufe, Fahrzeuge
Wochenlauf

Oberstufe

Bekannte, Fremde
Stadt, Dorf, Nachbarorte
Verkehr
Körper, Gesundheit, Gaststätten
Wohnungspflege, Gefahren im Haushalt
Post, Polizei, Feuerwehr
Jahreszeiten, Wetter

4. Das Problem der Kulturtechniken

Insbesondere die Bezeichnung von Erziehungseinrichtungen für geistig behinderte Kinder als Schulen birgt die Gefahr in sich, bei Eltern, Kindern und Lehrern ein fundamentales Mißverständnis hinsichtlich des Erziehungszieles aufkommen zu lassen.[38]) Da sich mit dem Begriff Schule seit altersher die Erlernung der sog. Kulturtechniken[39]) des *Lesens, Schreibens und Rechnens* verbindet, meint man, auch in der Sonderschule für Geistigbehinderte wäre der Erwerb dieser Techniken, wenn auch nicht Ausgangspunkt, so doch aber zumindest ein nach Kräften anzustrebendes Ziel der Bildungsarbeit.

Nicht nur in dem überkommenen Begriff der Schule, sondern ebenso in den verständlichen Wünschen der *Eltern* haben derartige Vorstellungen und Ansinnen ihre Wurzel. Der vermeintliche Makel eines womöglich lebenslangen Analphabetentums ihres eigenen Kindes scheint ihnen schier unerträglich, zumal die Einstellung ihrer Umgebung, ja ihrer Verwandtschaft nicht selten durch die Anschauung bestimmt wird, daß wer nicht wenigstens etwas lesen, schreiben und rechnen kann, im Grunde eigentlich „kein Umgang" sei.

Aber auch das geistig *behinderte Kind* selber wird in seinen Wünschen durch derartige Einstellungen beeinflußt. Es möchte können, was seine Eltern im Grunde ersehnen — und was auch seine Geschwister und Altersgenossen können. Es möchte sein und lernen und behandelt werden wie die anderen.

Schließlich aber werden die *Erzieher* durch die inständigen Wünsche der Eltern und durch ihre wohlmeinenden Voraussagen, daß es schon ginge, ebenso nachdrücklich auf das Thema Kulturtechniken verwiesen wie durch die oft rührenden Bitten der geistig behinderten Kinder. Nicht selten sind sie auch selbst daran interessiert — sei es, daß sie von ihrer Berufsausbildung her (etwa als Sonderschullehrer für Lernbehinderte) in dieser Richtung zu denken gewohnt und zu entsprechenden Versuchen geneigt sind, sei es, daß sie sich durch die Bezeichnung ihrer Bildungseinrichtung als Schule zu einschlägigen Bemühungen aus der eingangs geschilderten Auffassung heraus gedrängt fühlen oder daß sie um des Ansehens ihrer Schule im Kreis der anderen Schulen willen dazu neigen.

Will man nun das Für und Wider der Kulturtechniken im Rahmen der Erziehungsarbeit für Geistigbehinderte sachgerecht erwägen, darf man neben der genannten Vielzahl bedenkenswerter Gründe nicht die Erziehbarkeit der in Frage stehenden Kinder übersehen.

Vorausgesetzt, daß es sich wirklich um geistig behinderte Kinder handelt und nicht um lernbehinderte, die eigentlich an der Sonderschule für Lernbehinderte ihren Platz finden und behalten sollten, muß als das Kennzeichnende ihre praktische Bildbarkeit gesehen werden.

Auf dieser Gegebenheit muß also die Konzeption der Bildungsarbeit fußen, soll sie sinnvoll und wirklich fruchtbar sein.

Bedenkt man nun aber, welch eine *außerordentliche Abstraktion* unsere Schrift (die ja alles andere als eine Bilderschrift ist), die Zahl und schon gar die Ziffer oder die Zifferformel darstellt, kommen einem doch fundamentale Zweifel, ob es wirklich zweckmäßig ist, Kindern, deren entscheidender Zugang zur Welt im anschaulich-vollziehenden Lernen liegt, diesen Weg über die abstrakte Begrifflichkeit zuzumuten.

Wenn man zu Recht die Lern-, Denk- und Tätigkeitsformen der geistig behinderten Kinder mit denen der frühen Kindheit vergleicht, die jeder von uns bis etwa zur Fünfjährigkeit durchläuft, so läßt sich auf Grund von Erfahrungen feststellen, daß es durchaus möglich ist, manchem fünf-, ja sogar bereits manchem vier- oder sogar dreijährigen Kinde, das geistig nicht behindert ist, das Lesen, Schreiben und Rechnen in mehr oder minder großem Umfange beizubringen.

Weil sich ein solches Vorgehen aber als wenig sinnvoll erwiesen hat, wird es im allgemeinen unterlassen und wo irgend möglich verhütet — und zwar aus ähnlichen Gründen, aus denen es auch beim geistig behinderten Kinde bedenklich erscheint.[40])

Wie die Erfahrung lehrt, ist es tatsächlich einem Teil der geistig behinderten Kinder bei forcierten Bemühungen in dieser Richtung möglich, einige Buchstaben, Wörter, Sätze, ja gelegentlich sogar kleine Lesestücke mechanisch lesen zu lernen — in seltenen Fällen sind sie auch so weit zu bringen, daß sie neue Texte vom Blatt zu lesen vermögen — und mitunter sogar einige der darin vorgekommenen Wörter wiedergeben können. Ähnlich steht es mit dem Schreiben, das zumindest in der Form des Abschreibens, gelegentlich aber auch in der Form des Auswendig- oder Nachschreibens vorgegebener Sätzchen erlernt werden kann. Das „Rechnen" schließlich kann unter ähnlichen Umständen in der Form des Zu- und Abzählens — meist unter Zuhilfenahme der Finger — im Zahlenraum bis Zehn und gelegentlich ein wenig darüber hinaus eingeübt, bestimmte Operationsergebnisse können gedächtnismäßig eingeprägt (z. B. $3 \times 3 = 9$) und das Abschreiben von Aufgaben sowie das Wiedererkennen von Ziffern erlernt werden.

Verständlicherweise sind die Eltern von derartigen Erfolgen beglückt und die betreffenden Lehrer nicht selten so fasziniert, daß sie gerne Anlaß nehmen, die Künste ihrer Schützlinge Laien und Experten vorzuführen.

Die Frage ist nun aber, ob sich die Bildungsarbeit nur davon bestimmen lassen darf, was Eltern wünschen, Kinder möchten, Lehrer vermögen, von dem, was Eltern stolz und glücklich macht, was Lehrer und unbefangene Zuschauer fasziniert — oder ob nicht noch andere Maßstäbe heranzuziehen sind, um Wert und Unwert von pädagogischen Bemühungen zu beurteilen.

Von pädagogischer Seite her wird gelegentlich dreierlei angeführt: Die Beschäftigung mit den Kulturtechniken würde auch beim geistig behinderten Kinde das Denken, die Handgeschicklichkeit und die Formerfassung fördern.

Ohne Frage ist die „Denkerziehung" eine entscheidende Aufgabe, und Anforderungen in dieser Richtung sind von besonderer Bedeutung. Jedoch läßt sich das Denken nun einmal nicht als bloße „Denkgymnastik" schulen. Seine Entwicklung ist vielmehr von der Einbettung in Sinnbezüge abhängig — und namentlich bei geistig behinderten Kindern von der Einbettung in anschaulich und motorisch erfahrbare, ganz konkrete Sinnbezüge. Eben in der Form und im Rahmen des Praktischen in diesem Sinne ist ihr Denken am ehesten und am stärksten zu fördern. Die Beschäftigung mit Zeichen wie Buchstaben und Ziffern dagegen führt sie wegen der undurchschaubaren Abstraktheit meist zu bloßen Automatismen, nicht aber zum Denken.

Wie steht es nun aber mit der Möglichkeit, die *Handgeschicklichkeit* des geistig behinderten Kindes durch das Schreibenlernen zu fördern? Über die Bedeutung der Handgeschicklichkeit für das geistig behinderte Kind bestehen ebensowenig Zweifel wie über die fördernden Einflüsse des Schreibenlernens für die manuelle Differenzierung. Es fragt sich jedoch, ob nicht durch sinnvolle, d. h. dem geistig behinderten Kinde in ihrer Wirkung einsichtige Tätigkeiten zumindest der gleiche Erfolg zu erzielen ist — etwa durch Bauen, Biegen, Malen, Zeichnen, Kneten, Falten, Sticken, Weben usw. Hier schafft es etwas, was ihm selber sinnvoll ist und was nicht erst durch das Lob der Umwelt seine Bedeutung erhält. Gerade weil es aber darauf ankommt, das geistig behinderte Kind zu sinnvoller, erfüllender (u. a. auch nützlicher) Tätigkeit anzuleiten, statt seinem Hange zu mechanischer, unbeseelter Beschäftigung nachzugeben, erweist sich das Schreibenlernen als Mittel der Funktionsertüchtigung als Sackgasse, die — wie die Erfahrung lehrt — später meist zu keiner organischen und dem praktisch bildbaren Kinde wirklich dienenden Weiterentwicklung der Handgeschicklichkeit führt.

Ähnlich liegen die Dinge hinsichtlich der Möglichkeit, durch Lesen und Schreiben die *Formerfassung* des geistig behinderten Kindes zu fördern. Natürlich läßt sich formal auf diese Weise etwas schulen. Doch darf nicht übersehen werden, daß hier viele Kinder restlos überfordert werden durch die Abstraktheit dessen, was sie erfassen und unterscheiden sollen. Zwar ist es beachtlich, wenn ein geistig behindertes Kind ein b und ein d oder ein m und ein n unterscheiden kann. Ist es aber nicht wesentlich erfreulicher und dienlicher, wenn es einen Mantel von dem ähnlichen seines Nachbarn, wenn es Handtücher, Zahnbürsten, Serviettenringe, Schubfächer, Kartons usw. unterscheiden lernt?

Insgesamt zeigt sich also, daß der formale Wert der Kulturtechniken für die Erziehung des geistig behinderten Kindes gering und z. T. sogar fragwürdig ist. Das liegt nicht zuletzt daran, daß es eine rein formale Bildung eben nicht gibt. Vielmehr ist auch die Förderung der sog. Funktionen weitgehend abhängig von dem Sinngehalt, in dessen Medium sie geübt werden. Bleibt dieser Sinngehalt leer, verschlossen, werden auch die Funktionen — wenn überhaupt — nur unzureichend oder *nur mechanisch* gefördert.

Wenn man nun einmal absieht von den Illusionen, die sich namentlich Eltern über das wirkliche Maß an Kenntnissen und Fertigkeiten gerade dieser Art zu machen pflegen, so muß nun darüber hinaus *nach dem Sinn* einer Beherrschung der Kulturtechniken, deren Umfang durch eine vorliegende, überwiegend praktische Bildbarkeit umschrieben ist, *gefragt* werden. Gewinnt das geistig behinderte Kind durch sie tatsächlich bedeutsame Einsichten? Wird ihm durch sie die Welt vertrauter, lebendiger, erschlossener? Vermag es durch sie in irgendeiner Weise sein Leben besser zu gestalten, zu seinem Lebensunterhalt einmal umfänglicher beizutragen? Wird ihm durch sie wirklich etwas an Lebenshilfe zuteil, deren es wie kein anderes bedarf?[41])

Gefährdet man das geistig behinderte Kind in unserer Welt nicht vielmehr durch die bruchstückhafte Einführung in die Kulturtechniken, indem man es Rückfragen und damit der Lächerlichkeit aussetzt oder Vollzügen, deren Tragweite es nicht abzusehen vermag und deren Folgen es dann hilflos ausgeliefert ist?

Angesichts dieser Gegebenheiten wird es sich der Erzieher wohl zu überlegen haben, ob er dem Drängen, unter allen Umständen „wenigstens ein bißchen Lesen, Schreiben und Rechnen" zu gewährleisten, nachgeben soll. Letztlich wird er sich zu entscheiden haben, ob er für bloßen *Bildungsabglanz* sorgen oder ernste Bildungsarbeit treiben will.

Aber noch in einer anderen Hinsicht ergeben sich Zweifel an dem Wert der Bemühungen um den Erwerb von Kulturtechniken durch geistig behinderte Kinder — wenn man nämlich den Preis ins Auge faßt, um den Erfolge der geschilderten Art in aller Regel nur zu haben sind!

Einmal ist es die geistige *Überanstrengung*, der das Kind zumeist unterzogen werden muß, um auf den genannten Gebieten etwas zu leisten (ein Sachverhalt den *P. S. Buck* übrigens außerordentlich eindrucksvoll geschildert hat).[42])

Solche Überanstrengung führt erfahrungsgemäß nicht nur hier und da zu physischen Zusammenbrüchen, sondern zieht vor allem zumeist eine ernstliche Vertrauenskrise zwischen Kind und Erzieher nach sich, die bis zum *Kontaktabbruch* und zu völliger Bildungsunwilligkeit — oft gekoppelt mit Aggressionen — oder aber zu einer automatenhaften, roboterähnlichen *Gefügigkeit* führt, die in ihrer ganzen Freud- und Leblosigkeit mehr als beklemmend wirkt.

Mit anderen Worten: Das geistig behinderte Kind droht auf diese Weise als Mensch nicht nur seinen Eltern und Lehrern, sondern auch sich selbst verloren zu gehen.

Selbst aber wenn die entsprechenden Bemühungen nicht ganz so forciert betrieben und nicht gar noch durch wohlmeinende Großeltern oder Nachhilfelehrer überspitzt werden, erfordern sie doch — soll es zu wenigstens einigermaßen ansehnlichen Erfolgen kommen — ein beträchtliches Maß an *Zeit*, das für eine wirklich sinnvolle pädagogische Arbeit angesichts der tatsächlich vorhandenen praktischen Bildbarkeit *verloren* geht. Durch die Beschäftigung mit dem Auch-Möglichen wird die angemessene Bildungsarbeit deformiert und die Bemühungen um das Notwendige und Wichtige kommen in oft tragischer Weise zu kurz.

Angesichts dieser Sachlage wird man sich also auf das pädagogisch Sinnvolle konzentrieren und nicht bildungsfremde Vorstellungen und Wünsche zum Maßstab der Arbeit machen.

Damit stellt sich aber zugleich die Aufgabe, den Eltern zu einer positiven Auseinandersetzung mit der einseitigen Bewertung der Kulturtechniken zu verhelfen und ihnen deutlich werden zu lassen, daß der Mensch nicht durch Lesen, Schreiben und Rechnen zum Menschen wird, sowie ihnen und ihren behinderten Kindern Gelegenheit zur Freude über andere, sinnvolle Leistungen zu geben und schließlich der Schule selbst zu einem Ansehen zu verhelfen, das nicht von Schulen anderer Art geborgt zu werden braucht in der Form des Auch-Befaßtseins mit den Kulturtechniken, sondern das wurzelt in einer sinnvollen und gründlichen pädagogischen Arbeit, die zugeschnitten ist auf die Bildbarkeit ihrer Kinder.

Ebenso aber, wie die Beschäftigung mit den Kulturtechniken als einem Hauptgegenstand der Sonderschule für Geistigbehinderte eindeutig abzulehnen ist, bleiben doch folgende Maßnahmen in diesem Bereiche unerläßlich:

1. Alle Kinder, deren Bildbarkeit von vornherein eine einigermaßen tragfähige Grundlage für den Besuch einer *Sonderschule für Lernbehinderte* bietet, sind unverzüglich dieser Schule zu *überweisen*, die ihrer Konzeption nach nicht zuletzt die Beherrschung der Kulturtechniken zum Ziele hat und für diese Arbeit in vieler Hinsicht besonders gerüstet ist.

2. Wegen der stets im Auge zu behaltenden (allerdings im allgemeinen weit überschätzten) Möglichkeit einer rapiden seelisch-geistigen *Nachentwicklung* eines zunächst geistig behindert erscheinenden Kindes sowie wegen der gelegentlich einmal vorliegenden unvorhersehbar-extremen Nacherziehbarkeit eines Kindes sollte die Diagnose „geistig behindert" stets den Charakter der Vermutung behalten und auf allen Stufen der Sonderschule erneut fachmännisch überprüft werden; gegebenenfalls muß auch noch mit zwei und drei Jahren Verspätung eine *Überweisung an eine Sonderschule für Lernbehinderte* vorgenommen werden.

3. An der Oberstufe der Sonderschule für Geistigbehinderte sollten die Kinder nach Möglichkeit ihren *Namen und ihre Adresse gut lesbar und sauber „abzumalen"* und danach auch auswendig „aufzumalen", einige häufig vorkommende und praktisch wichtige Wortbilder zu erkennen lernen und in der Beurteilung des Wertes der gängigen *Geldsorten geübt* werden.

4. Diejenigen Kinder, welche auf Grund ihrer seelisch-geistigen Entwicklung und der Bildungsarbeit der Sonderschule an der *Oberstufe* doch so weit gelangt sind, daß sie willig und ohne Überanstrengung mit einiger Aussicht auf Erfolg und in sinnvollem Umfange das Lesen, Schreiben und Rechnen erlernen könnten, sollten hierzu Gelegenheit erhalten in mehreren Wochenstunden — und zwar in *besonderen Kursen,* die nach Beendigung ihrer Schulzeit im Rahmen der Beschützenden Werkstatt fortzusetzen wären.

5. In gewisser Hinsicht läßt sich ein gut Teil der Erziehungsarbeit am geistig behinderten Kinde als eine Bemühung um die unerläßlichen Stufen verstehen, die erreicht sein müssen, bevor u. a. auch sinnvoll in die sog. Kulturtechniken eingeführt werden kann. Ein Überspringenwollen dieser Stufen etwa im Sinne einer mißverstandenen Früherziehung wäre aber ebenso unvernünftig wie verfrühte Erziehungsversuche hinsichtlich anderer komplexer Vorgänge, bei denen gleichfalls die Bewältigung bestimmter Vorstufen Voraussetzung ist, wie z. B. beim Laufenlernen neben vielfältigen partiellen Funktionsvorübungen das Krabbeln- und das Sichaufrichtenlernen vorausgehen muß, sollen Beeinträchtigungen vermieden werden. Einige der speziellen *Vorstufen* wurden bereits als Aufgaben der Verstandeserziehung genannt.

5. Zur Methodik

Folgende methodische Grundsätze für die Erziehungsarbeit ergeben sich aus der dargelegten Erziehbarkeit und Erziehungsbedürftigkeit des geistig behinderten Kindes und aus der praktischen Erfahrung:

1. Entwicklungsgemäßheit

Arbeitsthemen und -methoden müssen auf das seelisch-geistige Entwicklungsalter des Kindes abgestimmt sein, d. h. der entwicklungsmäßigen Ein-, Zwei-, Drei- oder Vierjährigkeit usw. des Kindes entsprechen und nicht dem Lebensalter, das oft das Doppelte oder Dreifache beträgt.

2. Beweglichkeit

Die verschiedenen Grade, Arten und Entwicklungsmöglichkeiten geistiger Behinderung sowie die in der Regel mit ihnen einhergehenden verschiedenartigen charakterlichen Fehlhaltungen verbieten die Aufstellung eines normierten Arbeitsplanes; es ist vielmehr erforderlich, nach einer Phase des Kennenlernens für jede Gruppe bzw. für jedes einzelne Kind einen Plan für das jeweils nächste Quartal gemäß den vorliegenden Gegebenheiten aufzustellen. Dieser Plan darf die Arbeit jedoch nicht reglementieren, sondern soll als Orientierungsrahmen dienen.

3. Strukturiertheit

Die Arbeit sollte nicht in feste „Unterrichtsstunden" gepreßt werden, sondern nach dem Arbeits- bzw. Spielrhythmus der Kinder und nach dem Tagesrhythmus der Einrichtung reguliert werden. Auf das Arbeitstempo der Kinder ist besonders zu achten, jede Hast ist zu vermeiden. Bei den seelischgeistig Jüngsten der behinderten Kinder beträgt ein Arbeits- bzw. Spielprozeß nur wenige Minuten, bei den Reifsten nur in Ausnahmefällen eine Dreiviertelstunde ohne einen Wechsel der Thematik oder eine angemessene Pause.

4. Stetigkeit

Der Ablauf der einzelnen Verrichtungen sollte ebenso wie der Tages- und Wochenablauf von durchgängiger Regelmäßigkeit getragen sein. Die Arbeit im Rahmen von Gruppen sollte daher nach Möglichkeit insgesamt und für mehrere Jahre in einer Hand bleiben.

5. Ganzheitlichkeit

Die Abgrenzung bestimmter Arbeits- oder Unterrichtsfächer empfiehlt sich im allgemeinen nicht; vielmehr sollte sich die Arbeit in Tätigkeitsfeldern vollziehen (Spielen, Singen, Erzählen, Körperpflege, Essen, Helfen in Haus und Garten, Bauen, Werken, Turnen usw.), wobei die erzieherische Berücksichtigung jeweils mehrerer Erziehungsbereiche (Sozialerziehung, Spracherziehung, Sinnesschulung, Leibeserziehung usw.) und die Erschließung eines bestimmten Lebensbereiches (Haus, Familie, Jahreszeit usw.) den Arbeitsschwerpunkt bilden.

6. Differenziertheit

Arbeitsanregungen und -anleitungen müssen im allgemeinen individuell auf das einzelne Kind zugeschnitten werden.

7. Eindringlichkeit

Arbeitsanregungen und -anleitungen müssen im allgemeinen sehr intensiv, praktisch und wiederholt gegeben werden. Von bloßer Wortbelehrung ist wenig Wirksamkeit zu erwarten.

8. Akzentuiertheit

Jeder Arbeitsabschnitt — auch wenn er nur wenige Minuten beträgt — bedarf einer klaren Schwerpunktbildung.

9. Gegliedertheit

Ein Vorgehen in kleinsten Schritten ist unerläßlich.[44]) Viele Aufgaben bedürfen der Vorübung oder sind in Teilaufgaben zu zerlegen. Stets ist vom Leichten zum Schweren vorzugehen. Schwierigkeiten sollten nach Möglichkeit nur einzeln zur Überwindung geboten werden.

10. Selbsttätigkeit

Im allgemeinen wird nur das erfaßt und begriffen, was praktisch getan, mitgemacht, probiert oder durch praktisches Tun begleitet wurde.

11. Belebtheit

Je jünger ein geistig behindertes Kind entwicklungsmäßig ist, desto stärker ist im allgemeinen sein Bewegungsbedürfnis und desto häufiger bedarf die Art seiner Tätigkeit eines Wechsels.

12. Anschaulichkeit

Was mit mehreren Sinnen erfaßt wird, bleibt besser haften. Die Wirkung des bloßen Wortes darf nicht überschätzt werden. Neben dem Auge sind vor allem das Getast aber auch der Geruchs- und der Geschmackssinn nach Möglichkeit zu berücksichtigen.

13. Konkretheit

Es sollte im allgemeinen nur über etwas gesprochen werden, was als Erlebnis oder als Sache wirklich gegenwärtig ist. Die gebotene Sach- und Erlebnisnähe macht auch regelmäßige Gänge in die nähere und weitere Umgebung unerläßlich.

14. Einprägsamkeit

Was erobert wurde, bedarf unermüdlicher Übung und regelmäßiger Wiederholung, soll es nicht rasch wieder verloren gehen.

15. Selbständigkeit

Die Aufgaben sollten so gestellt werden, daß im allgemeinen besondere Hilfe entbehrlich ist. Einhelfen und nachhelfen zichtigen das Kind des Nichtkönnens und entmutigen es.

16. Abgeschirmtheit

Wegen seiner starken Ablenkbarkeit bedarf das geistig behinderte Kind der Abschirmung gegenüber vermeidbaren Störungen bei der Arbeit.

17. Lustbetontheit

Die Arbeit sollte dem Kind und dem Erzieher nach Möglichkeit durchgängig Spaß machen.

Vorbereitung

Erfolgreiche Erziehungsarbeit mit geistig behinderten Kindern bedarf regelmäßiger, sorgfältiger methodischer und technischer Vorbereitungen und bedächtiger Einstellung auf das einzelne Kind und die Gruppe.[45]

Überprüfung

Letztlich zeigt der beständige Erfolg der Arbeit, ob die richtige Methode richtig angewandt wurde.

III. Die Erzogenheit des geistig behinderten Kindes

1. Bedingungen der Erzogenheit

Bezeichnet man die durch Erziehungseinflüsse geformte seelisch-geistige Gesamtverfassung eines Kindes als Erzogenheit, so ist damit Erzogenheit angesichts der vorhandenen Möglichkeiten gemeint. Wenn also in dieser oder jener Hinsicht nur wenige Möglichkeiten der Beeinflussung offenstehen, jedoch intensiv erzieherisch genutzt worden sind, wird von optimaler Erzogenheit zu sprechen sein.

Art und Umfang der Erzogenheit sind im wesentlichen abhängig von den Zielen bzw. Fehlzielen, die angestrebt, von den Methoden bzw. Fehlmethoden, die angewandt und von den Haltungen bzw. Fehlhaltungen, die vom Erzieher eingenommen werden.

So ist es hinsichtlich der bereits geschilderten überhöhten, verkümmerten oder unsteten *Ziele* verständlich, daß aus jeweils vorliegender Erziehbarkeit nicht optimale Erzogenheit wird, so daß die Verhaltensweisen manches Kindes als Verwilderungs- bzw. Verkümmerungserscheinungen zu verstehen sind.

Auch die Anwendung unzweckmäßiger *Methoden* oder Dilettantismus im Umgang mit an und für sich brauchbaren Verfahren können zu ähnlichen Ergebnissen führen.

Vor allem aber sind es die durchgängigen *Haltungen* der Haupterzieher, welche für Erzogenheit bzw. Fehlerzogenheit ausschlaggebend sind; denn diese Haltungen bestimmen die einzelnen erzieherischen Handlungen, die Akzentuierung der Arbeitsweisen und Ziele, ja häufig bereits deren Auswahl. Darüber hinaus pflegen sie nicht einfach Lücken oder fehlerhafte Verhaltensweisen beim Kinde zu bewirken, sondern tragen zur Entstehung mehr oder minder komplexer Fehlhaltungen des Kindes selber bei.

2. Zur Regelmäßigkeit der Fehlerzogenheit

Sehr häufig geht in die Diagnose des geistig behinderten Kindes das äußere Erscheinungs- und Verhaltensbild als notwendig, gesetzmäßig zur Behinderung gehörig mit ein.[46] Für eine derartige Beziehung zwischen Behinderung und Erscheinungsbild läßt sich jedoch in den wenigsten Fällen ein Beweis antreten. Selbst mit Hilfe statistischer Häufigkeitsfeststellungen lassen sich allenfalls Regeln, nicht aber Gesetze nachweisen. Allzu leicht wird die eindrucksvolle geistige Behinderung als einzige Ursache für das Gesamtbild des geistig behinderten Kindes angenommen.

Gerade in der heilpädagogischen Arbeit erweist es sich immer wieder, daß durch eine sinnvolle Erziehung das äußere Erscheinungs- und Verhaltensbild in mehr oder minder langer Zeit gelegentlich in erheblichem Maße verändert, gebessert werden kann — wenn auch eine Reihe bestimmter Züge der Wandlung widersteht. Jedenfalls wird die starre Zuordnung von körperlicher Ursache und Gesamtbild in entscheidendem Maße in Frage gestellt.

Damit tritt eine andere Bedingung ins Blickfeld, die entscheidenden Einfluß auf das Erscheinungs- und Verhaltensbild des geistig behinderten Kindes ausübt. Es handelt sich um bestimmte Erziehungseinflüsse, die — allerdings mit gewisser Regelmäßigkeit — gleichsam als Antwort auf die vorliegende geistige Behinderung bestimmte Folgen zeitigen, die leicht unbedacht als Symptom der geistigen Behinderung gesehen werden.[47])

Auch das geistig behinderte Kind kann gut oder unzweckmäßig oder gar nicht erzogen sein. Die gewisse Regelmäßigkeit, mit der hier Mängel in der Erziehung festzustellen sind, bedarf der Erklärung.

Es ist bekannt, daß die *Erziehung des Geistigbehinderten* eine *außerordentlich erschwerte Aufgabe darstellt*. Das geistig behinderte Kind macht in jedem Falle mehr Arbeit, stellt mehr Ansprüche und verursacht mehr Kosten als das geistig nicht behinderte Kind. Die Erwartungen der Eltern werden enttäuscht, der Vergleich mit anderen Kindern bereitet Kummer, Hoffnungen werden in Frage gestellt.

Etwas weiteres kommt hinzu. Wenn schon die Eltern des nicht behinderten Kindes heute trotz des Vorliegens vieler, z. T. ausgezeichneter Erziehungsbücher und Beratungsmöglichkeiten oft nicht in der Lage sind, ihre Kinder so zu erziehen, wie es wünschenswert wäre, um wieviel weniger ist das von Eltern zu erwarten, denen für ihre erschwerte Erziehungsaufgabe nur *in geringerem Maße* sinnvolle *erzieherische Handreichung* zur Verfügung steht.

Unter gebührender Berücksichtigung dieser belastenden Gegebenheiten ist es voll und ganz verständlich, daß sich gerade gegenüber dem geistig behinderten Kinde unzweckmäßige erzieherische Haltungen und Maßnahmen einstellen, ja es ist geradezu erstaunlich, wenn die Eltern von Anfang an und durchgängig ihrer wesentlich erschwerten Erziehungsaufgabe voll und ganz in sachkundiger Weise gerecht werden.

Angesichts dieser Sachlage sollten nicht nur bei den Eltern mit Entschiedenheit *ungerechtfertigte Selbstvorwürfe* abgebaut werden, sondern auch seitens Außenstehender alle Wertungen oder gar Anklagen hinsichtlich des elterlichen Erziehungsverhaltens unterbleiben. In der überwiegenden Mehrzahl der Fälle haben die Eltern in der Erziehung ihres geistig behinderten Kindes getan, was in ihren Kräften stand. Sie haben sich abgemüht, haben ungezählte Fragen gestellt, ohne brauchbare Antwort zu erhalten, haben selber Wege gesucht und erprobt und haben Maßnahmen ergriffen, die ihnen sinnvoll erschienen; und wenn sie dann eines Tages verzagten, wenn ihre Kräfte erlahmten oder wenn sich die beschrittenen Wege als Sackgassen erwiesen, so steht es niemandem zu, den Eltern dafür Vorwürfe zu machen.

Allein in dieser Haltung des Verstehens und der Achtung vor dem Erzieherschicksal der Eltern darf darum festgestellt werden, daß sich gegenüber dem geistig behinderten Kinde außerordentlich häufig *unzweckmäßige Erziehungseinflüsse* geltend machen. Sie treten *als etwas Zusätzliches zu der ursprünglichen geistigen Behinderung* hinzu und geben allmählich dem Gesamtzustande des Kindes erst sein besonderes Gepräge. Indem das geistig behinderte Kind unzweckmäßig erzogen wird, bekommt sein Verhalten oft erst sein eigentlich bedrückendes Gewicht. Da aber aus den genannten Gründen eine unzweckmäßige Erziehung oft nahezu zwangsläufig eintritt, liegt in der Regel *neben der geistigen Behinderung eine Fehlerzogenheit* vor, die mit der Behinderung selbst direkt gar nichts zu tun hat. Diese Fehlerzogenheit geht dann in die Diagnose mit ein und erweckt den Eindruck, als stünde sie in notwendiger innerer Beziehung zu der geistigen Behinderung.[48]) So selbstverständlich und so „zwangsläufig" derartige zusätzliche Beeinträchtigungen angesichts der extrem schwierigen Erziehungsaufgabe, die das geistig behinderte Kind stellt, auch sein mögen, so deutlich sind sie doch aber von den gesetzmäßigen Folgeerscheinungen körperlicher Ursachen zu unterscheiden. Sie stehen keineswegs in streng ursächlichem Zusammenhange mit der Behinderung an sich.

Im wesentlichen handelt es sich um *zwei Grundrichtungen* der Fehlerziehung, die immer wieder beobachtet werden können: Erstens um den *Erziehungsmangel* und zweitens um die *Erziehungsbedrängung*.[49])

Beide Grundrichtungen sind durch Dauerhaltungen des Erziehers gekennzeichnet, welche seine einzelnen Handlungen und seine Arbeitsweisen bestimmen. Nicht also die einzelne erzieherische Aktion allein und nicht die erzieherischen Ansichten und Vorsätze und die angestrebten Erziehungsziele an sich sind als Entscheidendes für die Entstehung von Haltungen und Fehlhaltungen des Kindes anzusehen — sondern das durchgängig Wirksame in der Form unzähliger, z. T. winziger Aktionen, Stellungnahmen, Angebote, Ermunterungen, Begrenzungen, und seien sie dem Erzieher selbst noch so unbewußt und dem Außenstehenden noch so verborgen.

3. Hemmungslosigkeit durch Erziehungsmangel

Der *Erziehungsmangel* fußt weitgehend auf mehr oder minder starker Resignation. Ihr neigen jene Eltern zu, die vor dem Schicksal kapitulieren und verzagend feststellen, es habe ja doch keinen Zweck. Sie lassen die Erziehungsarbeit liegen, zumal sie in Verkennung der medizinischen Diagnose glauben, daß erzieherisch ohnehin nichts Entscheidendes getan werden könne. Sie sind ganz vom Symptom, von der geistigen Behinderung fasziniert.

Andere Eltern knüpfen oft unangemessen große Hoffnungen an medizinische Besserungsmöglichkeiten und versäumen dabei nicht selten die in jedem Falle mögliche und notwendige Erziehungsarbeit, die ebenso bei günstiger wie bei ungünstiger medizinischer Prognose unerläßlich ist; denn noch viel weniger als ein geistig nicht behindertes Kind sich allein durch sachgemäße Körperpflege, durch gesunde Ernährung, durch ausreichende Vitaminzufuhr und ärztliche Betreuung seelisch-geistig angemessen entwickelt, ist dies beim geistig behinderten Kinde zu erwarten. Nur zu oft verhindern so die Suche nach der ersehnten Heilung und die einseitige Hoffnung auf das große medizinische Wunder die vielen kleinen Wunder, die durch die alltägliche, intensive Erziehungsarbeit geschehen könnten.

Das einzige, was bei solcher Lage der Dinge getan wird, ist — sofern nicht mehr oder minder große *Vernachlässigung* vorliegt — eine regelmäßige *Verwöhnung* des Kindes. Man überfüttert es, überhäuft es mit Spielzeug und Geschenken, aber man erzieht es nicht. Man nimmt dem Kinde möglichst alle Arbeit ab und stellt ihm keine sinnvollen Aufgaben. Man hat eine sentimentale Einstellung ihm gegenüber und sagt, wenn nun schon einmal keine volle Entwicklung möglich sei, solle es das Kind wenigstens gut haben.

In anderen Fällen ist das Erziehungsverhalten durch *Inkonsequenz* gekennzeichnet: Man rafft sich immer wieder zu erzieherischen Maßnahmen auf, ohne den eingeschlagenen Weg jedoch durchzuhalten. Man glaubt im Grunde nicht an die Befolgung der vorgeschlagenen Verhaltensgebote. Man nörgelt resignierend am Kinde herum und läßt es dabei an der notwendigen Bestimmtheit und an der erzieherischen Verläßlichkeit fehlen.

Der Erfolg solcher erzieherischen Haltungen ist ein Mangel an innerer Steuerung, den man auch als mehr oder minder große Hemmungslosigkeit oder Unerzogenheit beschreiben kann. Da letztlich keine Grenzen, Ordnungen, Gewohnheiten, Lebensformen von verbindlichem Charakter angeboten werden, kommt das Kind nicht zum Könnenserlebnis, gelangt nicht zu innerer Erfülltheit und zu der ihm möglichen Lebenstüchtigkeit. Es verharrt entweder in babyhaftem Verhalten, in Gleichgültigkeits- oder *Bequemlichkeitshaltungen* oder es lebt seine Antriebe in oft bedenklicher *Wildheit* aus, ist distanzlos, zudringlich, widersätzlich oder *tyrannisiert* seine Umwelt. Insgesamt bleibt es häufig weit unter seinen Möglichkeiten. Besonders bedenklich ist es, wenn in der frühen Kindheit, der Phase der großen Plastizität, der geschilderte Mangel an Erziehung Platz hat und die Ungesteuertheit sich als feste Gewohnheit einschleift.

Diese Hemmungslosigkeit, die wir bei geistig behinderten Kindern nicht selten antreffen, ist zumindest in ihrem jeweiligen Ausmaße nicht notwendig an die geistige Behinderung gekoppelt. Man spricht hier zwar gerne von besonderer Antriebsstärke, übersieht dabei aber, daß jeder Antrieb uns um so stärker erscheint, je weniger er gesteuert wird.

Oft ist es überhaupt erst diese Hemmungslosigkeit, die ein geistig behindertes Kind so unleidlich macht. Sie verhindert, daß Eltern mit ihm ausgehen oder Besuche empfangen können usw. Da wird der Mund nicht geschlossen, da wird die Kleidung nicht in Ordnung gebracht, da werden unangebrachte Worte benutzt und dergleichen mehr. Bei dieser Grundrichtung unzweckmäßiger Erziehung, dem Erziehungsmangel, werden also die Notwendigkeiten und Möglichkeiten der Erziehung mehr oder minder übersehen und vernachlässigt.

4. Gehemmtheit durch Erziehungsbedrängung

Demgegenüber steht die andere Grundrichtung, die als Erziehungsbedrängung zu charakterisieren ist. Unter dem Motto, „retten was noch zu retten ist", bäumen sich viele Eltern gegen das Schicksal auf und begeben sich in eine für sie und das Kind außerordentlich strapaziöse Aktion, getrieben von dem verständlichen Bedürfnis, doch noch etwas Beachtliches aus dem Kinde „herauszuholen". Getragen von dem Wunsche, nicht abgewertet zu werden mit diesem Kinde, bemühen sie sich forciert zumeist in der Richtung, die von ihrer persönlichen Haltung aus besonders wichtig erscheint.

So wird z. B. extrem versagend vorgegangen: man soll nicht alles nehmen, man nimmt am besten überhaupt nichts, man verzichtet auf alles, läßt alles liegen und wartet stets auf das, was man eben bekommt. Andere Eltern legen den Akzent auf die Einengung, auf das Ruhigsitzen, auf das Bravsein, auf das Sich-nicht-Wehren usw. Wieder andere setzen den Schwerpunkt im Leistungsbereich und gehen extrem überfordernd vor, üben z. B. mit dem Kind einzelne Buchstaben in der Hoffnung, möglichst bald das Lesenkönnen zu erreichen, oder traktieren ihr Kind mit Rechenaufgaben, mit der Einübung übertriebener Gesellschaftsformen usw.

Derartige Fehlerziehung tritt häufig in der Form extremer *Härte* auf. Sie kann aber auch in leiser Unausweichlichkeit geschehen und mit unsichtbarer Gewalt ebenso zwingend wirken, wie das Vorgehen mit Brachialgewalt, körperlichen Strafen und Stimmstärke. Hier sei etwa an jene Form erzieherischer *Erpressung* gedacht, die mit Liebesentzug droht oder vorgeht und dadurch das Kind zu extremer Abhängigkeit zwingt.

Schließlich wäre die Form der *Überbesorgtheit* zu erwähnen, welche zwar anregt und erlaubt, aber gleichsam im letzten Augenblick aus fragwürdiger „Liebe zum Kind" stets mit einem „lieber nicht!" die entscheidenden Aktionen des Kindes unterbindet oder helfend beispringt und dadurch die mögliche Entwicklung verhindert.

Die Wirkung der geschilderten versagenden, einengenden oder überfordernden Erziehung ist als Gehemmtheit oder Übersteuerung zu bezeichnen. Ängstlichkeit, Gefügigkeit, Überbravheit und Verschlossenheit sind kennzeichnend für eine Fehlentwicklung in dieser Richtung.

Wenn nun aber das ohnehin schon behinderte Kind noch dergestalt gehemmt wird, ist es einer starken zusätzlichen Belastung ausgesetzt. Das natürliche Lernbedürfnis, die natürliche Fröhlichkeit seiner seelisch-geistigen Entwicklungsstufe sind eingeschränkt — und damit jene Fundamente, die es zu einer sinnvollen Weiterentwicklung benötigt. All das, was angesprochen werden müßte, was dem Erzieher entgegenkommt, was das Kind an Bedürfnissen, an Sehnsucht hat, ist eingeengt auf die schmale Bahn der Erziehungsvorstellungen der Eltern. Das Kind stirbt innerlich ab. So ergeben sich mitunter zwar einseitige Leistungen, während das Kind insgesamt jedoch einen automatenhaften Eindruck macht, von Schuldgefühlen geplagt wird und *zwanghafte Verhaltensweisen* oder *andere Symptome* entwickelt. Andere Kinder reagieren auf die geschilderte Erziehungsbedrängung mit mehr oder minder umfassender *Resignation,* die unter dem Stichwort „ich kann nicht" steht und gelegentlich bis zum physischen Zusammenbruch führt. Wieder andere Kinder reagieren mit Bockigkeit und mit *Durchbrüchen,* die bis zu einem Umschlag der Gehemmtheit in mehr oder minder große Hemmungslosigkeit gesteigert werden können.

Insgesamt ist zu beiden genannten Richtungen, dem Erziehungsmangel mit der Folge der Hemmungslosigkeit und der Erziehungsbedrängung mit der Folge der Gehemmtheit, zu sagen, daß sie den Bereich der offengebliebenen Möglichkeiten weiter einschränken und die innere Situation des geistig behinderten Kindes häufig belasten durch ein Gefühl der Verlassenheit. Sowohl die Eltern, die sich nicht kümmern oder die verwöhnen, als auch die Eltern, welche einengen und überfordern, wenden sich dem Kinde in seiner Ganzheit nicht voll zu. Die positive Brücke zwischen Eltern und Kind wird zu schmal oder gar ganz abgebrochen. Die dadurch bedingten *Kontaktstörungen* zeichnen sich dann häufig ab als *Bekümmert- oder Traurigsein.* Dieser Ausdruck des Gefühls, nicht voll angenommen, bejaht und verstanden zu sein, kennzeichnet mitunter das Gesamtbild des geistig behinderten Kindes.

Mit diesem Verlassenheitsgefühl geht in der Regel auch eine Distanz der Umwelt gegenüber dem behinderten Kinde einher, da sowohl die Hemmungslosigkeit wie auch die Gehemmtheit zu einer Vielzahl von Kollisionen mit der engeren und weiteren Umwelt führen.

IV. Aufgaben und Arbeitsweisen der Heilerziehung beim geistig behinderten Kinde

Gerade angesichts der häufig vorliegenden Fehlerziehung ergibt sich nun die Aufgabe wirklichen *Heilens im pädagogischen Sinne*.[46])

Es handelt sich dabei nicht etwa um die Heilung der geistigen Behinderung. Heilen heißt hier vielmehr, das, was durch Erziehungsmangel oder Erziehungsbedrängung zu der geistigen Behinderung hinzugetreten ist, durch gezielte Erziehung soweit wie möglich zu beheben, wodurch sich nicht nur das Erscheinungsbild und die innere Situation des geistig behinderten Kindes oft in beträchtlichem Maße in positiver Richtung wandeln, sondern überhaupt erst die grundlegenden *Voraussetzungen für eine sinnvolle Entwicklung* im Rahmen des Möglichen geschaffen werden.

Heilerziehung ist keineswegs nur eine bloße Steigerung der allgemeinen Erziehung, sie ist vielmehr durch besondere Intentionen und Arbeitsweisen gekennzeichnet.

Entsprechend den geschilderten Grundrichtungen der Fehlerziehung lassen sich nun zwei Grundrichtungen der Heilerziehung voneinander abheben: erstens die Nacherziehung und zweitens die Umerziehung.

1. Nacherziehung bei Hemmungslosigkeit

Bei vorliegender Hemmungslosigkeit, die auch als Untersteuerung oder Unerzogenheit gekennzeichnet wurde, geht es zunächst darum, daß das Kind — so wie es ist — angenommen und seine Bereitschaft, zu innerer Ordnung zu gelangen, ernstgenommen wird, selbst wenn diese Bereitschaft noch so verborgen sein mag. Bereits *Pestalozzi* hat diese notwendige Voraussetzung deutlich erkannt, wenn er im Stanser Brief betont, er sei überzeugt, sein Herz werde den Zustand seiner Kinder ändern wie die Sonne den erstarrten Boden des Winters.[50])

Eine weitere Voraussetzung stellt auch beim Hemmungslosen die *Befriedigung der vitalen Grundbedürfnisse* dar. Stillung des Hungers und Durstes, Sorge für äußere Wärme, Teilnahme an Kümmernissen, Nöten und Freuden schaffen überhaupt erst jene Geborgenheit, die es erlaubt, die eigentlichen erzieherischen Schritte zu unternehmen.

Diese sind, was häufig übersehen wird, keineswegs nur Forderung, Pensum und Last, sondern vielmehr und in erster Linie Gabe, *Geschenk, Angebot,* sollen sie zu der erforderlichen Wirksamkeit gelangen. Neben dem Nein muß das Ja stehen, die Aufgaben müssen als wirkliche Gaben, die zu ergreifen es sich lohnt, geschenkt werden, d. h. der positive Akzent der Bemühungen muß dominieren. Daneben muß es sich stets um *schaffbare Stufen* handeln, die auf die innere Entwicklungslage des Kindes abgestellt sind. Schließlich bedarf es der *Bestimmtheit* bei allen erzieherischen Wegweisungen ebenso wie der *Verläßlichkeit* in der positiven Einstellung zum Kinde.

Bei dieser Nacherziehungsarbeit ist stets mit Rückfällen zu rechnen. Der Gewohnheitscharakter der mangelnden Erzogenheit muß von vornherein ernstgenommen werden, um bei den zwangsläufig auftretenden Rückfällen keine Resignation aufkommen zu lassen, sondern vielmehr den Mut zu einem erneuten Ansatz zu ermöglichen.

Nicht zuletzt aber bedarf das zu wenig gesteuerte Kind der *Bestätigung*, wenn es den kleinsten Schritt nach vorne geschafft hat. Erst wenn ihm das Gefühl des Könnens zuteil wird, fühlt es sich beflügelt zu weiteren Bemühungen.

Daß die gewonnenen Formen besserer Steuerung ständiger *Übung*, ja des ausgesprochenen Trainings bedürfen, braucht nicht eigens hervorgehoben zu werden.

Insgesamt kann die Nacherziehung auch als *bindende Erziehung* charakterisiert werden.[51])

2. Umerziehung bei Gehemmtheit

Neben der Nacherziehung stellt nun die *Umerziehung* die andere Grundrichtung der Heilerziehung dar. Sie hat ihren Platz überall dort, wo Gehemmtheit, d. h. Übersteuerung oder Übererzogenheit vorliegt.

Auch die Umerziehung hat die *Bejahung des Kindes*, seiner Wünsche und Kümmernisse, seiner Impulse und Bedrängnisse zur Voraussetzung. Nur wenn das Kind in seinem So-Sein, in seiner ganzen Menschlichkeit angenommen wird, vermag sich das Entscheidende in dem hier notwendigen Erziehungsprozeß zu vollziehen.

Im Unterschied zur Nacherziehung geht es bei der Umerziehung vorab um die *Zurücknahme der übertriebenen Anforderungen*, denen das gehemmte Kind bislang ausgesetzt war. Die Haltung des Erziehers ist hier vornehmlich als betonte und konsequente *Erlaubnishaltung* zu charakterisieren. Die sich nur schüchtern meldenden, zumeist verdrängten Antriebe, Impulse, Wünsche des Kindes gilt es herauszulocken, zu ermutigen und anzuerkennen.

Da auch die Gehemmtheit Gewohnheitscharakter trägt, d. h. vom Kinde als die einzige zur Verfügung stehende Lebensform häufig krankhaft festgehalten wird, stellt sich nicht selten ein erheblicher *Widerstand* gegenüber den befreienden Tendenzen der Umerziehung ein. Darum kommt hier alles auf das Zuwarten, das Vertrauen in den Heilungsprozeß und die *Verläßlichkeit* des Erziehers an. Er darf sich nicht provozieren und in die dem Kinde gewohnte Erzieherhaltung drängen lassen.

Erst wenn die Gehemmtheit auf diese Weise abgebaut und die Ansätze des Kindes zu freierer Lebensäußerung immer wieder bejaht und bestätigt wurden, darf und muß allerdings allmählich, d. h. frühestens nach einem halben, gelegentlich erst nach einem Jahre, die *zweite Phase* des Umerziehungsprozesses sorgfältig eingeleitet werden: denn bei erfolgreichem Vorgehen in der geschilderten Weise tritt notwendig zunächst eine mehr oder minder große Steuerungslosigkeit auf, die nun durch eine *entwicklungsgemäße Steuerung* abgelöst werden muß. Diese Steuerung allerdings wird sich wesentlich unterscheiden müssen von der ursprünglichen Übersteuerung des gehemmten Kindes.

Der Prozeß der Umerziehung ist also durch die Phasen der *Lösung und* der anschließenden *Bindung* gekennzeichnet.[52])

Die beiden geschilderten Grundrichtungen der Heilerziehung kennzeichnen das, was unter Heilen im pädagogischen Sinne zu verstehen ist. Keineswegs handelt es sich hier also etwa um die Heilung der vorliegenden geistigen Behinderung selbst; diese ist — und sei es auch nur in der Form der Linderung oder der Besserung — Aufgabe des Heilens im ärztlichen Sinne. *In der Heilerziehung geht es vielmehr darum, vorliegende erziehungsbedingte zusätzliche Fehlhaltungen mit erzieherischen Mitteln anzugehen und weitmöglich abzubauen,* um den Gesamtzustand des Behinderten in optimaler Weise zu beeinflussen. Für die Gewinnung innerer Lebenserfülltheit und Lebenstüchtigkeit des Geistigbehinderten wird die Heilerziehung häufig die entscheidende Voraussetzung sein. Die heilerzieherischen Bemühungen müssen also in jedem Falle nachdrücklich vorangetrieben werden, soll das geistig behinderte Kind einen sinnvollen Platz in unserem gemeinsamen Leben finden und behaupten können.

3. Heilerzieherische Arbeitsweisen

Ebenso für die Nacherziehung wie für die Umerziehung bietet sich eine ganze Reihe bewährter Arbeitsweisen an, die sich auch für die entsprechenden Bemühungen um das geistig behinderte Kind eignet.[53])

Der Ungezügelte lernt z. B. durch den Widerstand eines Werkstoffes, sich auf den vorgegebenen Bahnen zu bewegen. Er erlebt, ohne daß es der Erzieher ihm zu sagen braucht, daß sein Werk mißlingt, wenn er sein Material nicht richtig benutzt oder sich die Möglichkeiten nachbarlicher Hilfeleistung verscherzt.

In welchem Maße sich dagegen oft dieselben Materialien für den Prozeß des Lösens, Befreiens, Enthemmens eignen, hat insbesondere die tiefenpsychologisch orientierte *Spieltherapie* in vielfältiger Weise gezeigt; mit Farbe und Ton, mit Papier und Holz läßt sich Unaussprechliches agieren. Formend und zerstörend, klecksend und malend, schneidend und reißend läßt sich lange Unterdrücktes abreagieren.

Allerdings: hier muß das Tun zunächst etwas ganz anderes sein als im Bereiche der Nacherziehung. Es fungiert als Ventil des Bedrängten, als Gelegenheit zu vehementer Expression, zum Schrei der Befreiung. Hier darf es keine festen Aufgaben geben; denn hier geht es nicht wie bei der Nacherziehung um Bändigung von Verwildertem, sondern um Weckung verkümmerter Impulse, um Freisetzung von Kräften als Voraussetzung wirklich lebendiger Entwicklung.

Und selbst die ungestalten Gestaltungen zeigen in ihrer eindrücklichen Plastizität dem Sich-lösenden bereits mehr als Worte es vermögen, daß er etwas kann, daß er wer ist. Das konkret wahrnehmbare Werk seiner Hand verschafft ihm die unerläßlichen Erfolgserlebnisse, läßt ihn Selbstsicherheit gewinnen und ermutigt ihn zu weiteren Schritten, so daß er allmählich nach einer häufig extremen und mehr oder minder langen Lösungsphase zu einer zweiten Phase sinnvoller lebendiger Ordnungen geführt werden kann.

Neben dem *Umgang mit einfachsten Materialien* sind als besonders heilerzieherisch bedeutsame Arbeitsweisen das *Puppenspiel*, das *Szenenspiel, das Handpuppenspiel, die rhythmische Erziehung, die Leibeserziehung und die Musikerziehung* zu nennen, wobei zu betonen ist, daß letztlich weder das Material noch die „Disziplin" das Heilerzieherische ausmachen, sondern die Art der Anregung, die gegeben wird, und die Haltung des Erziehers gegenüber dem Kinde.

Als Anlaß zu Bindung oder Lösung, zu Steuerung oder Entkrampfung kann im Grunde nahezu jede der genannten Erziehungsaufgaben genommen werden — das Malen und das Laufen, das Graben und das Tasten, das Singen und das Essen.

Der Punchingball und die große Strohpuppe, das Fingermalen und die Matschkiste — konzipiert als angemessene Ventile zu unerläßlicher Aggressionsabfuhr — können auch als Mittel zur Anbahnung sinnvoller Steuerung dienen; d. h. auch *die spezielle Akzentuierung heilerzieherischer Beeinflussung in Richtung auf Nacherziehung oder Umerziehung hängt viel weniger von Technik und Material als von der jeweils ausgedrückten Intention des Erziehers ab.*[54])

Angesichts der mehr oder minder großen Umfänglichkeit und Festigkeit von Fehlhaltungen im eigentlichen Sinne (die von bloßen Störungen leichterer oder vorübergehender Art zu unterscheiden sind) und hinsichtlich ihrer weitgehenden Bedingtheit durch häusliche Erziehungshaltungen ist der Erfolg heilerzieherischer Bemühungen in starkem Maße von der Zusammenarbeit der um das behinderte Kind bemühten Erzieher abhängig.

Aus diesem Grunde verdient die *Erziehungsberatung* als eine heilerzieherische Arbeitsweise von besonderer Bedeutung hervorgehoben zu werden.

Neben dem Werben um Verständnis für die jeweils angezeigten heilerzieherischen Maßnahmen und neben der Anregung zu einer gleichsinnigen Mitarbeit des Erziehungspartners geht es vor allem um die Bemühung, eine Haltungsumstellung gegenüber dem Kinde zu bewirken oder wenigstens in Gang zu bringen.

4. Zur Strafe als Erziehungsmittel

Angesichts der Vielfalt besonders schwieriger Erziehungssituationen im Rahmen der Arbeit mit geistig behinderten Kindern drängt sich auch die Frage nach der Strafe als Erziehungsmittel auf.

Hierzu ist zunächst festzustellen, daß die erzieherische Wirksamkeit der Strafe — trotz breitester negativer Erfahrungen — häufig immer noch erheblich überschätzt wird.

Vorab gilt es zu sehen, daß jede Verhaltensweise des Erziehers insbesondere vom geistig behinderten Kinde *nachgeahmt* wird — also auch der Affektausbruch, die körperliche Züchtigung des „Andersdenkenden", was oft fälschlich als abartige Verhaltensweise des Kindes zum Symptomkreis der Behinderung gezählt wird.

Ferner wird durch Strafe häufig das *Beziehungsverhältnis* zwischen Kind und Erzieher und damit die unerläßliche Bedingung aller Erziehung fundamental *gestört* — sowohl beim bestraften Kinde selbst wie bei den Zuschauern einer „Exekution".

Sodann ist auf die Gefahren *racheartiger Reaktionen* des gestraften Kindes, auf die *Gewöhnung* an Strafe und als deren Folge auf die *Provokation der Strafe* durch bewußtes Fehlverhalten hinzuweisen sowie auf die berechtigten *Reklamationen seitens der Miterzieher,* schließlich auf die Unmöglichkeit, in bestimmten Erziehungssituationen namentlich die körperliche Strafe „angemessen zu dosieren", womit gerade im Hinblick auf die besonderen Gegebenheiten beim geistig behinderten Kinde die *extremen Gefahren* einer zentralen Schädigung ausdrücklich genannt sein sollen.

Es ist also im Rahmen der Erziehung des geistig behinderten Kindes neben einer strikten Ablehnung der körperlichen Züchtigung entschiedene Zurückhaltung gegenüber der Strafe überhaupt angezeigt.

Der *Vermeidung von Fehlverhalten durch rechtzeitige Motivierung und Anleitung zu sinnvollem, richtigem Tun,* durch angemessene Wegweisung oder

Ersatzangebote, durch *Verminderung kritischer Situationen* im Tagesablauf gebührt also stets der Vorzug.

Es ist auch zu bedenken, daß manches Fehlverhalten nicht nur Ausdruck des noch nicht hinreichenden Verstehens des Richtigen ist, sondern gelegentlich auch ein Akt der *Übertragung* von Verhaltensweisen, die z. B. im Elternhause geduldet werden und etwa auf die Mutter zugeschnitten sind, und die jetzt gegenüber anderen Erziehern ausprobiert werden. Hier handelt es sich also gewissermaßen um ein sinnvolles Fehlverhalten, das besser durch Rücksprache mit der betreffenden Mutter als durch Strafe behoben wird, wie es überhaupt unerläßlich ist, die eigentlichen Ursachen und nicht nur das Fehlverhalten an sich ins Auge zu fassen.

Sofern es die Sachlage erlaubt, daß das Kind Erfahrungen sammelt, die sich als Folge seines Verhaltens von selbst ergeben (sog. „natürliche Strafe"), oder sofern es zur *Wiedergutmachung* eines angerichteten Schadens beitragen kann, sollte dafür Raum gegeben werden. In beiden Fällen handelt es sich übrigens nicht um Strafe im eigentlichen Sinne.

Schließlich ist festzustellen, daß Strafe als „statuiertes Exempel" oder als „Sühne" bei bereits vorhandener Reue im Bereiche der Erziehung keinen Platz hat. *Lediglich als Grenzmarkierung* und als Verstärkung nur unzureichend vorhandener „Einsichten", *sofern keine stets zu bevorzugenden Möglichkeiten zu positiv getönter Beeinflußung mehr zur Verfügung stehen* oder ausreichen, hat Strafe im Bereiche der Erziehung einen Sinn.

Erweist sich nun aber zur Grenzmarkierung oder zur Verstärkung unzureichender „Einsichten" Strafe im Sinne eines absichtlich zugefügten Unlusterlebnisses als Reaktion des Erziehers auf ein Fehlverhalten des Kindes mit dem Ziel einer Verhaltensänderung als angebracht, so sind — die *völlige Klärung des Sachverhalts vorausgesetzt* — Art und Maß der Strafe nach der emotionalen und geistigen Entwicklungsstufe sowie nach der Tragfähigkeit des Bezuges zwischen Kind und Erzieher zu bestimmen.

Als Formen kommen in Frage:

1. *die Zuwendungsverringerung* (von mimischen und gestischen Mißbilligungsäußerungen, von der zeitweiligen Nichtbeachtung über das entschiedene Nein bis zu Tadel und Drohung),

2. *der Aufgabenentzug* (indem ein Kind für begrenzte Dauer bestimmte Aufgaben nicht übernehmen darf; das Gegenteil dieser Strafart, die Strafarbeit, ist wegen ihrer negativen Wirkung, die bis zu direkter Arbeitsunlust führen kann, zu vermeiden; die Wiedergutmachung dagegen sollte nicht als Strafe oder Strafarbeit gesehen werden) und

3. *der Gemeinschaftsentzug* (indem ein Kind für begrenzte Dauer nicht unmittelbar mit anderen zusammen sein oder bestimmte Dinge nicht mit ihnen tun darf; ein In-die-Ecke-stellen oder gar Einsperren ist jedoch unbe-

dingt zu vermeiden, da hierdurch die positive Tendenz des Zurückwollens leicht in das Gegenteil der Resignation, des Sich-Abfindens mit der Isolierung oder der Gruppenfeindlichkeit verkehrt wird).

Abschließend sei vermerkt, daß nach jeder Strafe dem Kinde rechtzeitig eine Brücke, die es wieder voll in die Ordnung zurückführt, gebaut werden muß.[55])

5. Methode und Haltung

Wenn man unter Methoden die gleichsam handwerklichen, erprobten, regelhaften Verfahren versteht und ihnen in der Erziehung des geistig behinderten Kindes zu Recht zunehmende Aufmerksamkeit widmet, so bedarf es doch gerade in der Gegenwart des nachdrücklichen Hinweises auf eine andere, nicht minder wesentliche Komponente erfolgreicher Erziehungsarbeit, soll nicht durch unbesonnene Methodengläubigkeit perfektionierter Leerlauf entstehen.[56])

Ein chinesischer Sinnspruch lautet: „Gute Methode in schlechter Hand wirkt Schlechtes, schlechte Methode in guter Hand wirkt Gutes." Geradezu als Übertragung dieses Satzes auf die Erziehung des geistig behinderten Kindes könnte man die Feststellung von *P. Moor* bezeichnen: „Das Wichtigste beim Beruf des Heilpädagogen ist nicht die Bedeutung von Stoff und Methode, sondern die Art der Beziehungen, die er zu seinen Kindern herzustellen vermag".

Methode zielt auf einen bestimmten Erfolg und wendet sich zu diesem Zwecke an bestimmte Bereiche des Menschen; darum geht sie leicht am Menschen selbst vorbei, indem sie die umfassende *Kommunikation vernachlässigt* und die Bedeutung einer erzieherisch fruchtbaren Atmosphäre verkennt.

Methode ist regelgebunden; darum verfällt sie leicht in *Schematismus* und führt bei unbedächtiger Handhabung zu routiniertem Machen, zu blossem Behandeln und läßt das Besondere und oft Wesentliche unberücksichtigt.

Um diesen Gefahren der Methode zu begegnen, bedarf es — und im Bereiche der Heilpädagogik zuvörderst — gleichsam eines *korrigierenden Mediums*, in dem Methode nicht isoliert ist, sondern eingegliedert wirken kann, nicht eigengesetzlich funktioniert, sondern dem Gesamtziel verpflichtet bleibt.

Dieses Medium läßt sich als erzieherische Haltung beschreiben, als seelisch-geistige Gesamteinstellung gegenüber dem Kinde, nicht als bloße Summe von Verhaltensweisen, sondern als *geläuterte Sichtweise und gereifte Gefühlsbezogenheit,* als ein seelisch-geistiger Habitus, der lediglich sichtbar wird in äußeren Verhaltensweisen.

Die Fruchtbarkeit der Methode steht und fällt mit der Haltung des Erziehers, welche die Atmosphäre des pädagogischen Raumes bestimmt, die Empfänglichkeit für das fördernde Angebot erweitert oder überhaupt erst eröffnet und im persönlichen Bezug die individuell notwendigen Akzente setzt. Die Methode wirkt nicht automatisch. Sie wird erst voll wirksam im Medium der Haltung des Erziehers gegenüber dem Kinde.

Darüber hinaus läßt sich feststellen, daß nicht nur die richtige Anwendung sondern bereits die Erfindung und Auswahl angemessener Methoden, also das, was man als methodischen Einfallsreichtum zu bezeichnen pflegt, weitgehend von der Haltung des Erziehers abhängt.

Verständlicherweise finden sich gerade in einem erzieherischen Bereiche, der durch extrem schwierige Bedingungen gekennzeichnet ist, Unsicherheiten hinsichtlich der seelisch-geistigen Gesamteinstellung gegenüber dem Kinde.

Behandlung, Beschäftigung, Beobachtung, Beurteilung, Bemitleidung und Bewahrung sind die Kennzeichen der häufigsten solcher *Fehleinstellungen* im Bereiche der Erziehung des geistig behinderten Kindes.

Während der pädagogische „Behandler" stark durch seine gekonnte Technik und gewissen Selbstgenuß vom Kinde abgelenkt ist, fasziniert den „Beschäftiger" das Funktionieren des Kindes mehr als das Kind. Während dem „Beobachter" die Feststellung wichtiger ist als die erforderliche erzieherische Reaktion auf das Kind, neigt der „Beurteiler" mehr zum Fixieren als zum In-Gang-bringen. Während der „Mitleidige" sich leicht durch das Leid lähmen läßt, neigt der „Bewahrende" oft zu Diensten, die alles andere als wirkliche Hilfe sind.

Obschon jede der geschilderten Tendenzen ihren guten Sinn hat und — in gewissem Umfange — unerläßlicher Faktor im Rahmen der Erziehungsarbeit ist, gelangt sie jedoch zu bedenklicher Wirkung, wenn sie die Einstellung des Erziehers durchgängig bestimmt.

Trotz, Absperrung, Gefügigkeit oder Resignation sind die häufigsten Reaktionsformen, welche durch Verhaltensweisen der genannten Art provoziert werden.

6. Heilpädagogische Haltung

Was nun den geschilderten Fehleinstellungen entgegenzusetzen ist, wird hier als heilpädagogische Haltung deshalb bezeichnet, weil es eine erzieherische Haltung ist, welche in anderen pädagogischen Bereichen zwar wünschenswert, im heilpädagogischen Bereiche jedoch unerläßlich ist, und welche darüber hinaus weitgehend orientiert ist an den ganz speziellen Gegebenheiten, mit denen es die Heilpädagogik zu tun hat.

Im Hinblick auf die innere Situation des behinderten Kindes sind es vor allem folgende Haltungszüge, welche als Bedingung für eine erfolgreiche Erziehung anzusehen sind:

1. *Erfülltheit* des Erziehers von der Aufgabe, um die es jeweils geht. Gleichsam durch Ansteckung vermag er die Kinder zu erwärmen und sie in den Arbeitsprozeß hineinzuziehen. Voraussetzung hierfür ist, daß ihn die Aufgabe selber angerührt hat, daß er sich von ihr zuvor hat erfüllen lassen, daß er sich bereitgemacht und innerlich gesammelt hat für die anstehende Arbeit und daß er sich voll verantwortlich fühlt für das innere Wachstum des Kindes.

2. *Zugewandtheit* zur Gruppe und zum einzelnen Kinde im Augenkontakt, im Sich-kümmern um Freuden und Kümmernisse, im persönlichen Sich-anrührenlassen von Bedrängnissen und Erwartungen, in der Gewährung wirklichen menschlichen Beisammenseins in der Form des Wir-Verhältnisses.

Diese Zuwendung ist zu unterscheiden von einer Als-ob-Zuwendung, bei welcher sich das Kind nicht ernstgenommen fühlt, und von einer Distanzlosigkeit, welche den erzieherischen Bezug aufhebt oder körperliche Nähe mit innerer Nähe verwechselt.

Sinnvolle Zuwendung vermittelt dem Kinde das fundamentale Gefühl des Verstandenseins und der Geborgenheit.

Zuwendung wächst allein durch Zuwendung, durch intensive, einfühlende Beschäftigung mit der inneren Situation und dem Schicksal des einzelnen Kindes.

3. *Aufgeschlossenheit* als Bereitschaft zu Verständnis, Bejahung und Annahme des Kindes so wie es ist — trotz all seiner Fehler, Schwächen und Gebrechen — mit all seinen Wünschen, und seien sie noch so unverständlich, unerfüllbar oder bedenklich. Hierzu gehört auch die Geduld als verständnisvoller innerer Mitvollzug fremder Handlungsabläufe.

Erst solche Aufgeschlossenheit ohne Einschränkung, ohne Aber, ohne Bewertung vermittelt dem Kinde das Gefühl des Angenommenseins und schafft jene Bindung, die Wünsche, Anregungen, Grenzsetzungen und Aufgaben seitens des Erziehers zu tragen vermag. Zugleich löst sie das Kind und macht es offen.

Aufgeschlossenheit ist nicht gleichbedeutend mit einem Gutheißen aller Wesenszüge und Schwächen des Kindes, sondern bedeutet verstehen seiner Menschlichkeit. Sie ist jedoch nur dann wirksam, wenn sie ehrlich und nicht bloß taktische Maßnahme ist.

Zu wirklicher Aufgeschlossenheit gelangt der Erzieher am ehesten, wenn er sich die eigenen, verborgenen, umfassenden Wünsche nach aufgeschlossenem Angenommensein vergegenwärtigt.

4. *Bestimmtheit* durch klare Setzung eindeutiger Ordnungen, Regeln, Gewohnheiten, Grenzen, Forderungen. Wo irgend möglich sollen die Gegebenheiten selber sprechen. Wo die Willensbekundung des Erziehers erforderlich ist, tritt er als sachlicher Sprecher objektiver Ordnungen auf. Notwendige Unwillensäußerungen richten sich nicht auf das Kind sondern auf dessen Fehler. Bestimmtheit ist nicht dasselbe wie Härte. Sie ist in der Regel wirksamer, wenn sie positiv gestimmt ist und dem Kinde den guten Willen unterstellt, um ihn zu erzeugen.[23]) Sie weiß um das Lohnende ihres Anspruchs und macht dies deutlich. Bestimmtheit, die ohne persönliche Interessen und Affekte dem Kinde und der Sache dient, kann leise auftreten und oft auf Worte verzichten, indem sie sich durch Haltung und Miene deutlich macht. Lauten Forderungen fehlt zumeist die sachliche, innere Bestimmtheit. Bestimmtheit wird hohl, wo sie Unnötiges oder Unmögliches vertritt.

Echte Bestimmtheit gewährt dem Kinde klare Orientierung und gibt ihm Sicherheit, die ihm sinnvolle Einordnung und Arbeit ermöglicht.

Bestimmtheit wächst mit der Einsicht in die Notwendigkeit der Ordnungen und mit der Erfassung dessen, was das Kind zu seiner persönlichen Entwicklung braucht.

5. *Verläßlichkeit* — hinsichtlich des Stehens zu gestellten Aufgaben, Ankündigungen, Versprechungen wie hinsichtlich des Einhaltens gesetzter Ordnungen, Regeln und Grenzen. Verläßlichkeit ist mehr als Konsequenz im Sinne eines Bestehens auf Forderungen, die an andere gestellt werden; sie umfaßt zugleich das Festhalten an Anforderungen, die dem Erzieher gestellt sind, worunter nicht zuletzt auch das Nicht-abschreiben und Nicht-im-Stichlassen des Kindes zu verstehen ist.

Erst Verläßlichkeit in solch doppelter Hinsicht ermöglicht es dem Kinde, Vertrauen zu fassen und sich den Wegen des Erziehers anzuvertrauen.

Je deutlicher die Abhängigkeit der Ordnungen von der Beständigkeit des persönlichen Einsatzes gesehen wird, desto selbstverständlicher wird die Verläßlichkeit.

6. *Zuversichtlichkeit* als positive Erwartungshaltung, als sachlich begründetes Vertrauen und dementsprechende Ermutigung. Zuversichtlichkeit unterscheidet sich von Vertrauensseligkeit und von leichtfertigem Optimismus dadurch, daß sie sich auf das Mögliche beschränkt. Sie wurzelt in der aufgeschlossenen Erfassung der oft verschütteten Kräfte des Kindes und gewährt ihnen die angemessene Chance. Sie läßt sich nicht einseitig von den Fehlern und Mißerfolgen des Kindes faszinieren, stößt nicht blindlings auf Schwächen und Mängel, vermeidet die Konstatierung von Unfähigkeiten und die Prophezeihung von Minderleistungen[22]), enthält sich des Nörgelns, der Resignation und voreiliger Hilfeleistung. Sie ist vielmehr bereit, auf die un-

ausgesprochene Anfrage „traust du mir das zu?" mit einem positiven Impuls zu antworten.

Erst solche Zuversichtlichkeit des Erziehers ermöglicht es dem Kinde, ein angemessenes Selbstvertrauen zu gewinnen und zu wachsender Selbständigkeit zu gelangen.

Sie entsteht im Erzieher gleichsam von selbst, sofern er seinen Blick von fremden und eigenen Vorurteilen frei macht und sich für die positiven Züge und Möglichkeiten, für die Leistungen, erfreulichen Einfälle und verborgenen Sehnsüchte des Kindes öffnet.

7. *Zufriedenheit* als Anerkennungsbereitschaft des Erziehers hinsichtlich der erzielten Fortschritte — und seien sie noch so geringfügig. Zufriedenheit mißt nicht nach objektiven Normen, sondern wertet die subjektiven Mühen. Sie übersieht nichts; sie drückt sich dort aus, wo sie die Mühe entdeckt und wo sie die Hoffnung auf freundliche Zustimmung spürt. Sie spart sich nicht für das Außergewöhnliche auf und hält nicht alles für selbstverständliche Pflicht. Sie schafft sich geradezu Gelegenheiten — durch Rückblick auf frühere Stufen, die schon ein wenig oder weitgehend überwunden sind. Zufriedenheit kennt viele Formen — vom Augenzwinkern und Zunicken bis zum ausgesprochenen Wort. Allerdings äußert sie sich nie, ohne daß zuvor hingesehen und geprüft worden ist; denn wenn sie einmal spricht — und sei es auch mit guter Absicht —, wo nichts anzuerkennen ist, verliert sie leicht für immer ihre Glaubwürdigkeit.

Nur ehrliche Zufriedenheit vermittelt dem Kinde das angemessene Selbstwertgefühl, welches es zu weiteren Fortschritten beflügelt.

Voraussetzung zur Gewinnung solcher Anerkennungsbereitschaft ist die Einstellung des Auges auf das, was häufig übersehen oder als selbstverständlich hingenommen wird, die Ausbildung des Blickes für erste Ansätze. Nur insofern Anerkennung Ausdruck wirklicher Freude des Erziehers ist über eine neugewonnene Stufe, ist sie echt und bedeutsam für das Kind.

8. *Lebendigkeit.* Jeder der genannten Haltungszüge wird sinnlos, wenn er zu Routine erstarrt oder wenn er allen Kindern in schematischer Gleichmäßigkeit begegnet. Wirkliche, d. h. wirkende heilpädagogische Haltung ist darum nicht zuletzt durch Lebendigkeit charakterisiert. Sie ereignet sich jedem Kinde gegenüber anders und in jeder Situation neu. Selbst bei dem gleichen Kinde wird sich die Haltung des Erziehers im Laufe der Zeit wandeln müssen gemäß den erzielten inneren Fortschritten, sie wird zurückhaltender, sparsamer werden können, ohne jedoch je entbehrlich zu werden.[57])

So ist die Wandlungsfähigkeit von Kind zu Kind, von Situation zu Situation der Maßstab für die Echtheit der Haltung.

Ob es um die Lebenserfülltheit des Behinderten geht oder um seine Lebenstüchtigkeit, ob ein gehemmtes Kind gelöst oder ein hemmungsloses gebunden werden soll — erst durch seine Haltung, durch die Art seiner inneren Anwesenheit und Intention vermag der Erzieher das Entscheidende in Gang zu bringen und zu leiten.[58])

V. Erziehungseinrichtungen für das geistig behinderte Kind

Die seelisch-geistige Gesamtsituation des geistig behinderten Kindes, sein besonderer Pflege-, Aufsichts- und Erziehungsbedarf will die ebenso individuelle wie engagierte elterliche Betreuung bis in das Erwachsenenalter als geradezu unentbehrlich erscheinen lassen; denn prinzipiell ist nicht zu erwarten, daß irgendeine Erziehungseinrichtung allein die dem jeweils vorliegenden Entwicklungsalter des geistig behinderten Kindes hinreichend angemessene Erziehung in vergleichbarer Umfänglichkeit und Intensität wahrzunehmen vermöchte.

Abgesehen von der inneren Situation der Eltern spricht also in pädagogischer Hinsicht Entscheidendes dafür, nach Möglichkeit im *Elternhaus einen Schwerpunkt der Erziehung* des geistig behinderten Kindes zu gewährleisten.

Aus guten Gründen wird jedoch seit langem den Eltern, deren Kinder nicht behindert sind und deren Erziehungsaufgabe daher um ein Vielfaches leichter ist, *Entlastung und fachkundige Hilfe* durch umfängliche, die elterliche Erziehung ergänzende Erziehungseinrichtungen zuteil.

Umso berechtigter erscheint es daher, entsprechende Erziehungseinrichtungen auch und gerade für diejenigen vorzusehen, welche besondere Hilfe noch nötiger haben als andere.

Im wesentlichen ist dabei an folgende Einrichtungen zu denken[59]):

1. *Erziehungsberatung* (einschließlich Anleitung zur Früherziehung) vom ersten Lebensjahr ab
2. *Sonderkindergarten* vom 4. bis 6. Lebensjahr
3. *Sonderschule für Geistigbehinderte* vom 6. bis 18. Lebensjahr mit Verlängerungsmöglichkeit bis zu 6 Jahren:
   Vorstufe (Beobachtungsstufe)
   Unterstufe
   Mittelstufe
   Abschlußstufe (Werkstufe)
4. *Beschützende Werkstatt* vom 18. Lebensjahr ab
5. *Wohnheim*
6. *Heim*

1. Erziehungsberatung

Auch für das geistig behinderte Kind gilt, daß *je früher* mit kundiger Erziehung begonnen wird, *desto größere Erfolge* zu erwarten und desto mehr Fehler und Versäumnisse zu vermeiden sind.[60])

Daher ist es von besonderer Bedeutung, daß durch entsprechend besetzte und ausgestattete *Erziehungsberatungsstellen* den Eltern Gelegenheit geboten wird, frühzeitig Rat für ihre Erziehungsaufgabe zu erhalten.[61])

Da es häufig angezeigt ist, es nicht bei einigen Anweisungen bewenden zu lassen, sondern auch *praktische Anleitungen* zu geben, ist es zweckmäßig, solche Erziehungsberatungsstellen — namentlich in ländlichen Gegenden — so einzurichten, daß die Mütter mit ihren behinderten Kindern für einige Tage bleiben und hospitieren können[62]) und daß sich *zugleich* auch die erforderlichen *medizinischen Untersuchungen*, Beratungen und therapeutischen Maßnahmen durchführen lassen.

Daß solche Beratungsstellen, die von enger Zusammenarbeit zwischen den betreffenden Fachärzten, Heilpädagogen, Sozialpädagogen und anderen Spezialkräften abhängig sind, neben der Frühdiagnose und der Frühberatung auch eine wichtige Funktion für die weitere Betreuung des Kindes und seiner Eltern erfüllen, bedarf keiner näheren Begründung.[63])

2. Sonderkindergarten

Für geistig behinderte Kinder etwa vom 4. bis zum 6. Lebensjahr stellt der Sonderkindergarten nicht nur eine äußerst wichtige Form institutionalisierter fachkundiger *Früherziehung* dar sondern zugleich eine erste praktische Entlastung namentlich für die Mutter des geistig behinderten Kindes. Darüber hinaus erfüllt er die spezielle Funktion der *Vorbereitung* des geistig behinderten Kindes auf die anschließende Erziehungsarbeit der Sonderschule für Geistigbehinderte.[64])

Hinsichtlich vieler pädagogischer Gesichtspunkte und organisatorischer Einzelheiten gilt für den Sonderkindergarten, was im Folgenden über die Sonderschule für Geistigbehinderte auszuführen ist. (Aufnahmevoraussetzungen, Aufgaben, Methoden usw.).

3. Sonderschule

Da für die Sonderschule für Geistigbehinderte keine gültigen Modelle vorliegen und obgleich sich die Erziehung des geistig behinderten Kindes in vieler Hinsicht dem Vergleich mit anderer Arbeit entzieht, liegt die Gefahr nahe, sich an gewissen Normen der bislang üblichen Schule zu orientieren und gleichsam eine Subhilfsschule zu konzipieren. Bis zur Gegenwart ist die Versuchung für den Erzieher des geistig behinderten Kindes groß, dem Drängen in dieser Richtung nachzugeben und einen Unterricht im traditionellen Sinne auch hier zum Mittelpunkt der Arbeit zu machen.

Ebenso groß wie die Gefahr einer derartigen Orientierung vor allem an der Sonderschule für Lernbehinderte ist die einer Anlehnung an akzentuiert pflegerische Einrichtungen oder an Kindergärten im üblichen Sinne. Weder Bewahrung noch Pflege und Beschäftigung allein vermögen der Aufgabe gerecht zu werden, die sich angesichts des geistig behinderten Kindes stellt; denn wo weniger als irgendwo sonst spontane Entwicklung zu erwarten ist, bedarf es besonders intensiver, gezielter, planmäßiger Bildungsbemühungen.

Allein durch die entschiedene Hinblicknahme auf die offengebliebenen Möglichkeiten ergibt sich eine tragfähige Grundlage für die Konzeption von Bildungsgang und -organisation für geistig behinderte Kinder. Es ist das ihnen Gemeinsame, daß sie — obschon sie auf den meisten Gebieten ihrer seelisch-geistigen Entwicklung gegenüber ihren Altersgenossen Jahre zurück sind und zurückbleiben werden — doch und zwar auf Dauer überwiegend praktisch bildbar sind.[1])

Die Schülerschaft

Sonderschulen für Geistigbehinderte dienen der Bildung und Erziehung von Kindern im schulpflichtigen Alter, die wegen der Schwere ihrer geistigen Behinderung in der Sonderschule für Lernbehinderte (Hilfsschule) nicht hinreichend gefördert werden können, d. h. die Mittelstufe der Sonderschule für Lernbehinderte voraussichtlich nicht erreichen werden, was im Zweifelsfalle durch eine Fachkommission festzustellen ist.[65])

Einschulungsvoraussetzungen

Als Mindestvoraussetzungen für die Aufnahme in die Sonderschule für Geistigbehinderte sollten gelten:

a) ein körperlicher Entwicklungszustand, der die Teilnahme an der Mehrzahl der schulischen Veranstaltungen ermöglicht, ohne eine Überbeanspruchung mit sich zu bringen,

b) die Freiheit von ansteckenden Krankheiten sowie von Leiden, welche die gemeinsame Arbeit wesentlich zu behindern angetan sind bzw. häufig ärztlicher Hilfe oder spezieller pflegerischer Betreuung bedürfen,

c) Fortbewegungsfähigkeit und Handbewegungsfähigkeit,

d) die Erreichung der Sauberkeit im allgemeinen,

e) die Fähigkeit zum Kontakt mit dem Gruppenerzieher,

f) das Verständnis für einfache verbale und gestische Mitteilungen,

g) die Möglichkeit des Verweilens bei bestimmten Tätigkeiten über mehrere Minuten und

h) die Fähigkeit des Zusammenseins mit anderen Kindern.[66])

Hiervon abweichende Regelungen z. B. für geistig schwer behinderte Kinder, die zugleich körper- oder sinnesbehindert sind, setzen eine besondere personelle und materiale Ausstattung der Schule und spezielle pädagogische Konzeptionen, Organisationsformen und Methoden voraus, die im folgenden nicht besonders berücksichtigt werden.

Da bislang kein wissenschaftlich hinreichend fundierter Test zur Untersuchung geistig behinderter Kinder für deutsche Verhältnisse vorliegt, ist die Feststellung eines Intelligenzquotienten bei geistig behinderten Kindern höchst problematisch — vor allem wegen der Gefahr einer voreiligen Kennzeichnung eines Kindes und der schematischen Ablehnung einer Aufnahme.[67])

Ebenso zur Vermeidung unbilliger Ausschließung vom Schulbesuch wie unzweckmäßiger Aufnahme von Kindern, die doch noch nicht den genannten Minimalbedingungen entsprechen, wird eine probeweise Aufnahme als in der Regel anzuwendendes Verfahren für zweckmäßig erachtet.

Sofern die Voraussetzungen für eine definitive Aufnahme eines Kindes in die Sonderschule für Geistigbehinderte noch nicht vorliegen, sollten in jedem Falle angemessene Hilfsmaßnahmen eingeleitet werden.

Unter allen Umständen sollte die Feststellung von sog. „Bildungsunfähigkeit" vermieden und statt dessen das „vorläufige Ruhen der Schulpflicht" festgestellt werden.[68])

DAUER DER SCHULPFLICHT

Die Schulpflicht für geistig behinderte Kinder sollte der Dauer der gesetzlichen Schulpflicht (Grund- und Hauptschulpflicht) zuzüglich der Berufsschulpflicht entsprechen, also insgesamt 12 Jahre betragen.

Die Schulpflicht sollte auf Antrag bis zu sechs Jahren verlängert werden können, wenn anzunehmen ist, daß dadurch die Ziele der Schule umfänglicher erreicht werden können.

Für eine derartige Erweiterungsmöglichkeit der Teilnahme an schulischen Veranstaltungen sprechen die außerordentlich schwierigen Erziehungsbedingungen beim geistig behinderten Kind und seine extreme Abhängigkeit von der Gewinnung der ihm irgend erreichbaren seelisch-geistigen Entwicklung.

Bei der vorgeschlagenen Dauer der Schulpflicht und der Verlängerungsmöglichkeit ist eine zusätzliche Verlängerung wegen ein- oder mehrmaliger Zurückstellung oder aus anderen Gründen verspäteter Einschulung entbehrlich.

Für ganz speziell gelagerte Fälle, welchen diese Regelung nicht gerecht wird, sind individuelle Maßnahmen zu treffen.

Als Beginn der Schulpflicht wird der jeweils festgesetzte Termin für den Beginn der Grundschulpflicht (6. Lebensjahr) zu Grunde gelegt. Die Erziehung in Sonderkindergarten oder Sonderschulkindergarten sollte, sofern sie vor dem 6. Lebensjahr liegt, nicht auf die vorgeschlagene Zeit der Schulpflicht angerechnet werden.

Erziehungs- und Bildungsziel

Entsprechend den offengebliebenen Möglichkeiten zur Entwicklung der geistig behinderten Kinder ist eine weitmögliche innere Erfülltheit und praktische Tüchtigkeit anzustreben. Konzentration auf das Fundamentale und Notwendige ist hierbei unerläßlich.

Hierzu gehören vor allem: das Sich-zu-Hause-fühlen in der Welt, das Sich-angenommen-fühlen, Vertrauen, Selbstvertrauen, Orientierung in der Umwelt, Verständnis einfacher sprachlicher Mitteilungen, wichtiger Unterscheidungen, Zeichen, Regeln und Ordnungen des Alltagslebens und Vertrautheit mit elementaren Gefühlsgehalten; Umgänglichkeit, Selbständigkeit, Anstelligkeit, Wahrnehmungstüchtigkeit, Körperbeherrschung, Handgeschicklichkeit, Darstellungs- und Sprachtüchtigkeit.[69])

Das Erziehungs- und Bildungsziel der Sonderschule für Geistigbehinderte ist von dem der Sonderschule für Lernbehinderte weniger durch seinen Umfang als vielmehr durch seine Eigenart unterschieden. Angesichts der Möglichkeiten der geistig behinderten Kinder ist die anzustrebende seelisch-geistig-praktische Erzogenheit und Bildung gekennzeichnet durch ihre Gebundenheit an die konkrete Lebenswelt und die einfachen, praktischen Aufgaben, die sie stellt.

Demgemäß ist die Erlernung des Lesens, Schreibens und Rechnens im eigentlichen Sinne nur am Rande — d. h. erst an der Oberstufe und nur für einen Teil der Kinder — zu den Zielen der Sonderschule für Geistigbehinderte zu zählen.

Die zentrale Aufgabe der Charaktererziehung schließt die Bemühungen um den Abbau vorhandener Fehlhaltungen mit ein.[70])

Angesichts dieser Bildungsaufgaben und -möglichkeiten ist es bedenklich, wenn durch Selbstunsicherheit und Mangel an Einsicht den Kindern durch eine nur pseudopraktische Bildungsarbeit ihre entscheidenden Bildungsmöglichkeiten verstellt werden, oder wenn Kinder als „bildungsunfähig" erneut ausgeschlossen werden, weil sie dem ehrgeizigen Unterricht einer falsch konzipierten Schule nicht folgen können.

Hier befindet man sich nur unweit von der Stelle, die Ausgangspunkt für die jahrelangen Bemühungen um die Bildung des geistig behinderten Kindes war. Die gerade eroberte Einsicht, daß Bildung sich durchaus auch im anschaulich-vollziehenden Lernen ereignen könne und nicht notwendig an abstraktes, begriffliches Lernen gebunden sei, wird auf diese Weise unversehens wieder aufgegeben.

Es bedarf nun jedoch dringend einer Bildungseinrichtung mit einer Konzeption, die der Eigenart der geistig behinderten Kinder wirklich gerecht wird und eine eigenständige pädagogische Arbeit leistet, die ihren Wert und ihr Ansehen nicht von anderen Bildungseinrichtungen abzuleiten oder auszuleihen genötigt ist.

Den Namen „Schule" sollte sie wie jede andere Bildungseinrichtung tragen, die der allgemeinen Bildung von Kindern im schulpflichtigen Alter dient. Sie wird diese Bezeichnung aber weit eher als durch eine unangemessene Orientierung an bereits vorhandenen Schulen zu rechtfertigen vermögen durch eine eigenständige Konzeption ihrer Arbeit, die eben auf die vorliegende praktische Bildbarkeit ihrer Schüler abgestellt ist und sich ebenso von bloßer Pflege und Beschäftigung wie vom Unterricht traditioneller Art fernhält.

ORGANISATORISCHE GLIEDERUNG

Die Sonderschule für Geistigbehinderte sollte zumindest in eine Unter-, Mittel- und Oberstufe gegliedert sein, um den stark unterschiedlichen Entwicklungsgegebenheiten ihrer Kinder und den sich demgemäß stellenden Erziehungs- und Bildungsaufgaben wenigstens einigermaßen gerecht werden zu können, — ungeachtet dessen, daß nicht jedes Kind alle drei Stufen durchlaufen wird und daß innerhalb solcher Dreistufung eine Vielzahl von Teilstufen den Gang der Arbeit artikulieren muß.

Gemäß dem ungefähren Entwicklungsstand geistig behinderter Kinder empfiehlt es sich, die Stufen der Erziehungseinrichtungen so zu konzipieren, daß sie der Aufgabenstellung entsprechen, die sich jeweils aus einem umschriebenen seelisch-geistigen Entwicklungsbereiche ergeben.

Allerdings darf das Lebensalter nicht ganz außer acht gelassen werden: insbesondere wegen des ihm in der Regel parallellaufenden körperlichen Entwicklung, die gelegentlich stärkere Berücksichtigung bei der Eingruppierung verlangt.

So ergibt sich in den einzelnen Stufen eine starke lebensalters- oder entwicklungsmäßige Streuung, es sei denn, daß eine stärkere Differenzierung möglich ist, als sie hier zum Ausgangspunkt genommen wird:

	Lebensalter	Entwicklungsstand etwa
Sonderkindergarten	4— 6 J.	$1^{1}/_{2}$—3 J.
Vorstufe der Sonderschule	6—12 J.	$2^{1}/_{2}$—$4^{1}/_{2}$ J.
Unterstufe der Sonderschule	6—12 J.	$2^{1}/_{2}$—$4^{1}/_{2}$ J.
Mittelstufe der Sonderschule	8—15 J.	4 —6 J.
Oberstufe der Sonderschule	12—15 J.	$5^{1}/_{2}$—8 J.
Abschlußstufe der Sonderschule	15—18 J.	7 —9 J.

Während die *Unterstufe* einführenden Charakters ist und *das spielende Lernen* im Vordergrund steht, bildet in der *Mittelstufe das mitschaffende Lernen* und die Erschließung des Wohn-, Nachbarschafts- und Familienbereiches den Schwerpunkt, der an der *Oberstufe* durch *das werkgerichtete Lernen* und Veranstaltungen mit speziellem Unterrichtscharakter abgelöst wird, wodurch arbeitsartige Vollzüge angebahnt werden.

Darüber hinaus sollte jedoch nach Möglichkeit eine *Vorstufe* für die in der Regel erforderliche probeweise Aufnahme, d. h. für die Beobachtung in der Form des Erziehungsversuchs, eingerichtet werden.

Die Vorstufe muß Bestandteil der Schule sein und darf ihr nicht lediglich beigeordnet werden. Sie ist von Einrichtungen für das vorschulpflichtige Alter (Sonderkindergarten) zu unterscheiden.

Nicht jedes Kind muß notwendig die Vorstufe durchlaufen; unter Umständen ist auch eine direkte Einschulung in die Unterstufe möglich.

Die Vorstufe ist nicht durch eine besondere Art der Tätigkeit zu kennzeichnen. Sie muß vielmehr durch ein vielfältiges Angebot an Möglichkeiten zu einer Abklärung der für die Erziehung des Kindes vorliegenden Voraussetzungen bzw. zur Anbahnung der Voraussetzungen für eine definitive Einschulung beitragen.

Die Klassen sollten nicht durchgängig getrennt, sondern z. B. bei kleinen Festen, bei Spielen oder anderen Veranstaltungen beieinander sein, was einen Wechsel in eine höhere oder tiefere Klasse gemäß den sich im Laufe der Arbeit zeigenden Entwicklungsgegebenheiten der einzelnen Kinder erleichtert.

In der Regel sollte ein Kind mit seiner Klasse nach oben wachsen, was eine kontinuierliche Entwicklung fördert. Ein Wechsel der Erzieher beim Übergang von Unter- zu Mittel- bzw. Oberstufe erweist sich dabei erfahrungsgemäß im allgemeinen als positiver Entwicklungsanreiz.

Jedoch sollten unabhängig von Schuljahrseinschnitten Umstufungen vorgenommen werden, die sich auf Grund besonderer Entwicklungsgegebenheiten als erforderlich erweisen. Statt Noten sollten die jährlichen Zeugnisse Berichte über die seelisch-geistige Entwicklung und über den Stand des jeweils Erreichten enthalten.

Wenn die Klassen auch zweckmäßigerweise unter dem Gesichtspunkt entwicklungsmäßiger Homogenität zusammengestellt werden, erweist sich doch gelegentlich die Belassung eines schon fortgeschrittenen Kindes in einer tieferen Klasse für dessen eigene Entwicklung und für die Klasse selbst als vorteilhaft.

Eine Gruppierung nach dem Lebensalter der Kinder ist pädagogisch indiskutabel, ebenso eine Aufteilung nach Geschlechtern namentlich an Unter- und Mittelstufe, da die Arbeit hierdurch erschwert bzw. verarmt wird. Dagegen stellen besondere pädagogische Aufgaben (z. B. bei zusätzlichen Körperbehinderungen) einen wichtigen Gruppierungsaspekt dar.

Die einzelnen Klassen sollten durchschnittlich jeweils sechs Kinder (entsprechend dem vorliegenden Schwierigkeitsgrad der Erziehungsaufgabe zwischen vier und maximal acht Kinder) umfassen, um eine hinreichend individuelle und intensive Erziehungsarbeit zu ermöglichen.

Bei der Bildung von Klassen neu aufgenommener Schüler empfiehlt es sich, zunächst durch mehrstündige Einzelbetreuung eine tragfähige Beziehung zwischen Kind und Klassenleiter herzustellen und die Klasse erst allmählich von der Zweiergruppe zu ihrer vollen Stärke anwachsen zu lassen. Andernfalls ist erfahrungsgemäß mit einer starken Überforderung der Kinder und der Erzieher in den ersten Wochen zu rechnen, was zu negativen Einstellungen und zu einer manchmal kaum überwindbaren Schulunlust führen kann.

Eine Ergänzung der genannten Stufen durch eine *Abschlußstufe* (Werkstufe) als Zwischenglied zwischen Oberstufe und Beschützender Werkstatt ist zweckmäßig.

Die Werkstufe sollte anstelle der üblichen Berufsschule als mehrjährige Vollzeitschule als Teil der Sonderschule für Geistigbehinderte eingerichtet werden. Neben verwaltungsmäßigen Gründen sprechen hierfür vor allem die Möglichkeiten, eines nach der individuellen Situation der Schüler zu regelnden Übergangs und die Gewährleistung einer heilpädagogischen Akzentuierung der Arbeit auf der Werkstufe.

Allerdings wird neben der erforderlichen Fortsetzung der allgemeinen Bildungsarbeit eine zunehmende Anleitung zu arbeitsartigen Tätigkeiten diese Stufe charakterisieren müssen, d. h. Stellung angemessener Anforderungen an den Jugendlichen (Ausdauer, Arbeitshaltung usw.), ohne daß jedoch ein hinreichender Wechsel der Techniken zugunsten vorzeitiger Förderung ökonomischer Produktivität vernachlässigt wird.

Ob eine gewisse räumliche Besonderung der Werkstufe anzustreben ist, hängt von den jeweiligen Schulverhältnissen ab.

TAGESSCHULE ODER HEIMSCHULE

Die Sonderschule für Geistigbehinderte soll in der Regel als Tagesschule eingerichtet werden, welche die Kinder von Montag bis Freitag täglich zusammenhängend etwa sieben Stunden besuchen. Neben den z. T. weiten Anfahrtswegen sprechen vor allem pädagogische Gründe für die Einrichtung als Tagesschule; denn erst die Vielfalt der im Tagesablauf auftretenden konkreten Lebenssituationen (Tischdecken, gemeinsames Essen, Abräumen, Abwaschen, Zimmer reinigen, Mittagsruhe, Aufräumen, Händewaschen usw. neben Spiel, gemütlichem Beisammensein und Arbeit) ermöglicht die Begegnung und lernende Auseinandersetzung mit der Welt, in die das geistig behinderte Kind hineinwachsen soll.

Bei besonders schwierigen geographischen Verhältnissen (dünn besiedelten ländlichen Gebieten) oder für Kinder, die stärker pflegebedürftig sind, dauernder ärztlicher Aufsicht bedürfen oder deren häusliche Verhältnisse keine ausreichende erzieherische Betreuung gewährleisten, sind Sonderschulen für Geistigbehinderte als Heimschulen unerläßlich.

Der Vorzug von Tagesschulen liegt gegenüber den Heimschulen vor allem in der Erhaltung einer intensiven Beziehung zwischen Kind und Elternhaus, in der Möglichkeit der Unterstützung der schulischen Erziehungsarbeit durch die Eltern und dem wesentlich geringeren Unkosten- und Personalaufwand; jedoch stehen ihnen bei Vorliegen einer der genannten besonderen Lebenssituationen des Geistigbehinderten auch nicht annähernd die erforderlichen Möglichkeiten zur Verfügung, über welche das Heim verfügt.

Arbeitsweise

Die Sonderschule für Geistigbehinderte ist eine Stätte durchgängig anschaulich-vollziehenden Lernens. Angesichts der Möglichkeiten ihrer Schüler und der hierauf fußenden Zielsetzung muß sie sich also ebenso von bloßer Pflege und Beschäftigung wie vom Unterricht traditioneller Prägung fernhalten.[71])

In gemeinsamem Erleben und Tun werden die sich stellenden alltäglichen, einfachen Angebote und Anforderungen im Tagesablauf erobert und erweitert.

Weder normierende Lehrpläne noch schematisch festgelegte Unterrichtsstunden noch systematische Auffächerung der Erziehungsbereiche können der Aufgabe letztlich gerecht werden.[72])

Eine sorgfältige Planung der Erziehungs- und Bildungsarbeit ist jedoch unerläßlich. Dabei empfiehlt sich die Aufstellung eines Planes für Zeiträume von mehreren Wochen und eine Aufgliederung nach den verschiedenen Erziehungsbereichen. Der Plan soll als Orientierungsrahmen dienen.

Nach Abschluß bestimmter Arbeitsabschnitte erweist sich ein stichwortartiger Bericht über Arbeitsschwerpunkte und -ergebnisse als zweckmäßig.

Raumbedarf

Für eine drei- bis sechsklassige Sonderschule für Geistigbehinderte werden angesichts der differenzierten heilpädagogischen Aufgaben und der besonderen Arbeitsbedingungen mindestens folgende Räume benötigt:

3—6 Klassenräume — 1 Werkraum — 1 Gymnastikraum — 2 Umkleideräume — 2—4 Toiletten mit Waschraum — 2—4 Badeanlagen — 1 Krankengymnastikraum — 1 Speise- und Gemeinschaftsraum — 1 Küche

— 1 Lehrmittelraum — 1 Geräteraum — 1 Materialraum — 2 Personal-WC — 1 Lehrerzimmer — 1 Leiterzimmer — 1 Elternsprechzimmer — 1 Arztzimmer.

Einrichtung und Unterrichtsmittel

a) Unterstufe und Vorstufe:

Möbel- und Unterrichtsmittel sind im Sinne eines wohnlichen Spielraums unter Berücksichtigung der körperlichen Entwicklung der Kinder auszuwählen.

b) Mittelstufe:

Die Unterrichtsräume sind in Richtung auf wohnliche Mehrzweckräume hin zu orientieren und mit entsprechenden Geräten und sonstigem erforderlichem Lernmaterial auszustatten.

c) Oberstufe und Werkstufe:

Die Räume sollen den Charakter wohnlicher Unterrichts- und Arbeitsräume haben, die mit entsprechenden Werkzeugen und Unterrichtsmitteln auszustatten sind.

d) Außenanlagen:

Ferner sollten Außenanlagen mit Sandkiste, Planschbecken, Spielrasen, Baumbestand, Beeten, Bänken, Turngeräten (Wippen, Schaukeln, Reck, Klettergerüst, Schwebebalken usw.), Robinson-Ecke (Kisten, Ziegelsteine, Graben usw.) als entwicklungsgemäße Bildungsanreize nicht fehlen.

e) Unterrichtsmittel (Grundausstattung)

1. Spielgeräte (Baukiste, Ball, Steckspiel, Tiere, Autos und Holzeisenbahn, Puppen, Teddy, Hämmerchenspiel, Sandspielzeuge, Ton, Knete, Bauklötze, Legematerial, Steckmaterial, Schubkarre, Wagen zum Beladen, Bilderbücher, Dreirad, Körbe, Spieltelefon, Kasperle, Lotto, Zusammensetzspiele, einfache Brett-, Karten- und Würfelspiele, Domino, Mikado, Doktorspiel, Puppenstube und -haus, Puppenbett und -wagen, Roller, Matador Ki, Baufix, Feuerwehr, Kaufladen, Aufstellspielzeug, Fädelperlen, Flechtrahmen, Stickkarten, Metallbaukasten)[73])

2. Haushaltsgeräte (Lappen, Staubtücher, Handtücher, Mop, Besen, Kehrschaufel und Handfeger, Eimer und Wischlappen, Schrubber, Scheuerbürste, Staubsauger, Geschirr, Gläser, Besteck, Küchenmesser, Töpfe, Herd, Waage, Spültisch, Schuhputz, Kleiderbürste, Nähzeug, Bügeleisen, Bügelbrett, Waschmaschine, Nähmaschine)

3. Turngeräte (Bälle, Reifen, Seile, Stäbe, Kästen, Matten, Turnteppich, Schwebebalken, Sprossenwand)

4. Mal- und Schreibgeräte (Wachsstifte, Buntstifte, Kreiden, Farben, Pinsel, Bleistifte, Papier, Klebstoff, Scheren)

5. Musikgeräte (Schlaghölzer, Trommeln, Triangeln, Schellen, Rasseln, Glockenspiel [Klangstäbe], Metallophon, Plattenspieler)

6. Werkzeuge (Hammer, Zangen, Messer, Bohrer, Schraubenzieher, Winkel, Zollstock, Sägen, Stecheisen, Feilen, Raspeln, Hobel, Schraubzwingen, Werkbank, Webrahmen, Werkmaterial)

7. Gartengeräte (Harken, Spaten, Hacken, Gießkanne, Schlauch, Körbe, Schubkarre, Handwagen, Rasenmäher, Schneeschieber)

8. Besondere Lehrmittel (Bildtafeln, Anschauungs-, Vorführ- und Übungsmodelle [Lesekästen, Verkehrsschilder, Knopfleisten, Spielgeld usw.], Hand-, Wand-, Kletten-, Magnettafeln, Episkop, Diaskop, Tonfilmgerät, Rundfunkgerät, Tonbandgerät, Klavier).

LEHRKRÄFTE

Neben Sonderschullehrern für Lernbehinderte (Hilfsschullehrer), die sich auf dieses von ihrer üblichen Sonderschularbeit teilweise unterschiedene Aufgabenfeld einzustellen vermögen und sich mit seinen besonderen Problemen entsprechend vertraut gemacht haben, eignen sich als Lehrkräfte namentlich für Unter- und Mittelstufe der Sonderschule für Geistigbehinderte insbesondere Kindergärtnerinnen und Jugendleiterinnen auf Grund ihrer Berufsausbildung, die sich weitgehend auf die seelisch-geistige Stufe der kindlichen Entwicklung konzentriert, auf der sich die geistig behinderten Kinder im schulpflichtigen Alter befinden. Sie bedürfen jedoch einer speziellen heilpädagogischen Ausbildung, die sie für die Arbeit hinreichend rüstet.[74]

Sofern es an Kräften fehlt, welche diese Voraussetzungen erfüllen, wird die Mitarbeit auch anderer geeigneter Erzieher namentlich aus verwandten Berufen vorübergehend unentbehrlich sein; jedoch müßte für eine fachliche Fundierung ihrer Arbeit durch Teilnahme an einschlägigen Fortbildungskursen Sorge getragen werden.[74]

Jede Lehrkraft[75] sollte eine Klasse von sechs Kindern (4—8 Kindern) verantwortlich leiten und die gesamte Erziehungs- und Bildungsarbeit übernehmen — einschließlich der gymnastischen, rhythmischen, musischen Erziehung, der Werk- und Spracherziehung usw.

Neben den hierzu erforderlichen Vorbereitungen zählen die regelmäßigen Beratungsgespräche mit den Eltern, Elternabende und gelegentliche Hausbesuche zum Aufgabenkreis der Lehrkräfte, da der Erfolg der Arbeit der Sonderschule für Geistigbehinderte wesentlich von einem guten Kontakt zu den Elternhäusern der Kinder abhängt.

Schließlich sind für eine gedeihliche Arbeit regelmäßige wöchentliche Mitarbeiterbesprechungen, an denen neben den Lehrkräften auch die anderweitigen Mitarbeiter (Pflegekräfte, Sprachheillehrer, Krankengymnastinnen, Arzt) beteiligt sein sollten, unerläßlich.

Die Pflichtstundenzahl sollte zwei bis vier Wochenstunden einschließen, die der ambulanten Erziehung noch nicht sonderschulfähiger Kinder im schulpflichtigen Alter vorzubehalten sind.

In dünn besiedelten Gegenden wird u. U. auch an solch eine Ambulante Erziehung als vorläufige Form der Schule für bereits schulpflichtige und schulfähige Kinder zu denken sein, wobei eine Lehrkraft die verstreut wohnenden geistig behinderten Kinder wöchentlich evtl. mehrmals zu bestimmten Zeiten besucht, um sie erzieherisch zu fördern und zugleich den Eltern entsprechende Anleitung für eine Fortführung der Arbeit zu geben.[62]) Allerdings kann angesichts der Schwere der Erziehungsaufgabe solche Behelfsschulung lediglich als möglichst rasch zu überwindende Notlösung angesprochen werden.

ANDERE MITARBEITER

Für je zwei Klassen sollte zusätzlich eine möglichst heilpädagogisch vorgebildete Kraft für besondere Pflegeaufgaben (Kinderpflegerin o. ä.) zur Verfügung stehen.

Ferner sollte ein Sprachheillehrer (oder eine Logopädin) und eine Krankengymnastin mit einer bestimmten Wochenstundenzahl an der Schule tätig sein, und zwar für die individuelle Förderung von Kindern mit begleitenden Sprach-, Hör. bzw. Körperbehinderungen, sofern nicht eine Überweisung an die entsprechenden Sonderschulen angeraten erscheint, nicht aber für eine Art Fachunterricht in Gymnastik, Spracherziehung usw., was den erforderlichen ganzheitlichen Arbeitsprinzipien der Schule grundsätzlich zuwiderlaufen würde.

Von großer Bedeutung ist die regelmäßige Betreuung der Schule durch einen hierfür besonders geeigneten Schularzt (Pädiater oder Psychiater), der neben der medizinischen Aufnahmeuntersuchung den Gesundheitszustand der Kinder intensiv zu überwachen und die Eltern ebenso wie die Lehrkräfte hinsichtlich besonders zu berücksichtigender medizinischer Sachverhalte regelmäßig zu beraten hat.[76])

Schließlich sollte auch bei der Auswahl des erforderlichen technischen Personals (Hausmeister, Wirtschafterin, Busfahrer) das Verständnis für die seelisch-geistige Situation der Kinder in Betracht gezogen werden.

LEITUNG

Sonderschulen für Geistigbehinderte sollen selbständig sein.

Voraussetzung für die Leitung einer Sonderschule für Geistigbehinderte ist eine abgeschlossene Sonderschullehrerausbildung.

Die Bestellung eines geeigneten Mitgliedes des Lehrkörpers als Stellvertreter ist zweckmäßig.

Der Leiter einer Sonderschule für geistig Behinderte sollte von der Führung einer Klasse entbunden sein, um die Aufgaben der Planung, Koordinierung und Beaufsichtigung der Arbeit auf den verschiedenen Stufen sowie die Anleitung und Beratung der Erzieher hinreichend intensiv wahrnehmen zu können. Jedoch sollte er mit einigen Wochenstunden an der praktischen Erziehungsarbeit beteiligt sein.

EINSCHULUNG

Bei Erreichung des schulpflichtigen Alters sind offenkundig oder vermutlich geistig behinderte Kinder nicht vom Schulbesuch zurückzustellen, sondern von der zuständigen Schulmeldestelle unverzüglich der Sonderschule für Geistigbehinderte zur Aufnahmeuntersuchung zuzuführen bzw. zu entsprechender Veranlassung dem zuständigen Schulrat zu melden, um ein verspätetes Einsetzen der ohnehin erschwerten Erziehungs- und Bildungsarbeit zu vermeiden. Eine bloße Zurückstellung kommt im allgemeinen einem unvertretbaren Zeitverlust für den Bildungsweg der betroffenen Kinder gleich.

Die Entscheidung über das Vorliegen von Sonderschulbedürftigkeit und Sonderschulfähigkeit obliegt der zuständigen Schulbehörde auf Grund einer heilpädagogischen Beurteilung nach Einholung einer schul- bzw. amtsärztlichen Stellungnahme.

Der Aufnahme durch die Leitung der Schule sollte eine eingehende fachärztliche und heilpädagogische Untersuchung und Begutachtung vorangehen, damit Gefährdungen vorgebeugt, eine angemessene Einstufung vorgenommen und dem Erzieher ein erster Arbeitshinweis gegeben werden kann.

ÜBERWEISUNG

Bei Kindern mit zustäzlichen schwerwiegenden Körper-, Hör-, Seh- und Verhaltensbehinderungen ist zu überprüfen, ob sie bei den entsprechenden anderen Sonderschulsparten angemessener betreut werden können. Gegebenenfalls sind sie dorthin weiterzuleiten, sofern sich nicht die Einrichtung von Sonderklassen für Mehrfachbehinderte im Rahmen der Sonderschule für Geistigbehinderte als zweckmäßig erweist.

Für Kinder, deren Bildungsmöglichkeiten sich entsprechend entfalten, ist der Übergang an eine Sonderschule für Lernbehinderte zu gegebenem Zeitpunkt zu ermöglichen, sofern dabei noch eine Eingliederung in deren Bildungsgang aussichtsreich erscheint.[77])

ZURÜCKSTELLUNG

Geistig behinderte Kinder, welche nach Erreichung des schulpflichtigen Alters die Voraussetzungen für die Aufnahme in die Sonderschule für Geistigbehinderte noch nicht erfüllen, sind befristet vom Schulbesuch zurückzustellen und durch Beratung der Eltern erzieherisch zu fördern sowie nach

Möglichkeit einem Sonderkindergarten zu überweisen oder von der Sonderschule für Geistigbehinderte für 2—4 Wochenstunden in vorbereitender ambulanter Erziehung zu fördern oder probeweise einer geeigneten Klasse zuzordnen.

AUSSCHULUNG

Für Kinder im schulpflichtigen Alter, welche die Mindestvoraussetzungen für die Aufnahme in die Sonderschule für Geistigbehinderte trotz angemessener Erziehungsversuche (Sonderkindergarten, ambulante Erziehung[78]), probeweise Aufnahme usw.) nicht oder nicht mehr erfüllen, kann das Ruhen der Schulpflicht für die Dauer bis zu zwei Jahren festgestellt werden. Der Antrag auf Einleitung eines solchen Feststellungsverfahrens ist vom Leiter der Sonderschule unter Beifügung eines Gutachtens der betreffenden Lehrkraft bei der zuständigen Schulaufsichtsbehörde zu stellen, die eine Stellungnahme des Schul- oder Amtsarztes einholt.

BEDARF

Auf 10 000 Einwohner ist durchschnittlich mit mindestens 6 geistig behinderten Kindern im schulpflichtigen Alter zu rechnen. Demgemäß ist für Wohngebiete mit etwa 30 000 Einwohnern in der Regel die Errichtung einer Sonderschule für Geistigbehinderte mit drei Gruppen erforderlich.

Da nur in Ausnahmefällen in einem einzigen Schulbezirk oder in einer einzelnen Gemeinde die Schülerschaft für eine hinreichend ausgebaute Sonderschule für Geistigbehinderte vorhanden oder durch die Gründung von Schulverbänden zweier Gemeinden erreichbar ist, empfiehlt sich im allgemeinen die Gründung von Kreissonderschulen.

Sonderschulen für Geistigbehinderte sollten möglichst zentral und verkehrsmäßig günstig gelegen sein, um mit öffentlichen Verkehrsmitteln oder Schulbussen auch von abgelegener wohnenden Kindern in angemessener Zeit erreicht werden zu können.

Eine Nachbarschaft zu Kreis- oder Bezirksschulen oder zu Mittelpunktschulen wird sich dabei mancherorts von selbst ergeben.

GRÖSSE

Die Schülerzahl einer Sonderschule für Geistigbehinderte sollte nach Möglichkeit nicht wesentlich weniger als 18 betragen, um eine hinreichende Differenzierung nach Entwicklungsstufen zu gewährleisten; sie sollte 80 dagegen nicht wesentlich übersteigen, um überschaubar zu bleiben und von den störenden Einflüssen eines großen Systems frei zu bleiben.

Demgemäß sind Zusammenlegung von kleineren bzw. Teilungen von größeren Schulen aus pädagogischen Gründen anzustreben.

SELBSTÄNDIGKEIT

Sonderschulen für Geistigbehinderte sollten nach Möglichkeit weder
organisatorisch noch räumlich Schulen anderer Art angegliedert werden, damit die eigenständigen pädagogischen Belange ihrer Arbeit nicht beeinträchtigt werden. Ebenso hinsichtlich des erforderlichen Fachpersonals und der
notwendigen Sachkosten wie angesichts der besonderen Methoden und Ziele
ist eine Zuordnung auch zu einer Sonderschule für Lernbehinderte unzweckmäßig.

Dagegen sollte die Sonderschule für geistig Behinderte weitmöglich in
die Umwelt der Nicht-Behinderten eingegliedert sein.

SCHULAUFSICHT

Die Aufsicht über die Sonderschulen für Geistigbehinderte sollte von
der übergeordneten Schulbehörde im Benehmen mit entsprechend vorgebilde-
ten Fachberatern durchgeführt werden, da es sich nicht nur zumeist um Schulen handelt, welche die Einzugsbereiche verschiedener Schulbezirke übergrei-
fen, sondern vor allem um einen Arbeitsbereich, der sich den üblicherweise an-
zulegenden pädagogischen Maßstäben entzieht.

SCHÜLERTRANSPORT

In der Regel wird ein besonderer Schülertransport einzurichten sein,
vor allem für Schüler der Unter- und Mittelstufe, jedoch sollten bereits die
Schüler der Mittel- und Oberstufe aus pädagogischen Gründen nach Möglichkeit an die selbständige Benutzung öffentlicher Verkehrsmittel gewöhnt
werden.

ELTERNARBEIT

Angesichts der oft schwierigen persönlichen und erzieherischen Situation
der Eltern geistig behinderter Kinder sowie hinsichtlich der Lage der Ge-
schwisterkinder und der Unterstützungsbedürftigkeit der schulischen Bemühungen durch die häusliche Erziehung bedarf das intensive Gespräch mit den
Eltern an der Sonderschule für Geistigbehinderte noch größerer Aufmerksamkeit als an allen anderen Schulen. Daher erweist es sich als zweckmäßig,
die Elternarbeit in der Form regelmäßiger Elternabende mit Gesprächen und
Anleitungen zu Umgang und Spiel mit dem Kinde sowie in der Form von
Elternbesuchen in der Schule, von Hausbesuchen und von Sprechstunden fest
zu institutionalisieren.[79])

ÖFFENTLICHKEITSARBEIT

Darüber hinaus sollte die Sonderschule für Geistigbehinderte eine
Abkapselung ihrer Arbeit und ihrer Kinder unter allen Umständen vermeiden und den Kontakt zur Öffentlichkeit durch Einladungen, Berichte

von der Arbeit usw. pflegen, um das Verständnis der Allgemeinheit für die Situation und die Möglichkeiten der geistig behinderten Kinder zu fördern und deren Integrierung zu erleichtern.

4. Beschützende Werkstatt

Beschützende Werkstätten sind Arbeitsstätten für Jugendliche und Erwachsene, die wegen ihrer Behinderung in der freien Wirtschaft keinen Arbeitsplatz finden können.

Beschützende Werkstätten sind keine Stätten bloßer Bewahrung, Pflege oder gar Isolierung Geistigbehinderter. Sie haben vielmehr folgende vierfache Funktion:

1. Sie sollen dem geistig behinderten Jugendlichen und Erwachsenen ein *sinnvolles, erfülltes Leben* ermöglichen. Eine wesentliche Voraussetzung hierfür ist die Tüchtigkeit im täglichen Leben. Da bloße „Beschäftigung" oder ein mehr oder minder entbehrliches „Sich-nützlich-machen" jedoch nicht zu wirklicher Tüchtigkeit führt, leitet die Beschützende Werkstatt zu den Fähigkeiten des Behinderten entsprechender nützlicher Tätigkeit, zu produktiver Arbeit an, die ehrlicher Anerkennung und sichtbaren Lohnes wert ist.

Damit gliedert sie den Behinderten in dem ihm möglichen Maß zugleich in das allgemeine Arbeitsleben ein.

So begrenzt übrigens die wirtschaftliche Wirkung dabei auch zu veranschlagen sein mag, angesichts des völligen Ausfalls der Behinderten im Produktionsprozeß und der unproduktiven Belastung durch die meist erforderliche Heimunterbringung der Behinderten beim Fehlen Beschützender Werkstätten, stellt sie doch eine durchaus beachtenswerte Größe dar.

2. Die Beschützenden Werkstätten sollen den geistig behinderten Jugendlichen und Erwachsenen im Rahmen des Möglichen *weitererziehen;* denn noch weniger als beim nicht Behinderten ist seine Erziehung in einem bestimmten Alter als völlig abgeschlossen zu betrachten. Häufig vermag er bei sinnvoller Führung noch im Erwachsenenalter gewisse seelisch-geistige Fortschritte zu machen. Eine Ausnutzung des Behinderten als „billige Arbeitskraft" würde eine derartige Nachreifung versperren. Dagegen bemüht sich die Beschützende Werkstatt nachdrücklich nicht allein um die Erziehung zu Arbeitstugenden wie Sorgfalt, Zuverlässigkeit, Zügigkeit, Umgänglichkeit usw., sondern auch zu sinnvoller Feierabendgestaltung und zu gemüthafter Teilnahme im jeweiligen Lebenskreis.

Zudem aber stellt die Festigung und beständige Wiederholung dessen, was im Rahmen der Sonderschule für Geistigbehinderte in den verschiedenen Bildungsbereichen gewonnen wurde, eine wichtige Erziehungsaufgabe

der Beschützenden Werkstatt dar, bei deren Vernachlässigung mit einem
mehr oder minder raschen Rückfall auf mühsam überwundene seelisch-
geistige Entwicklungsstufen gerechnet werden muß. Daher sollte neben Ar-
beitszeit und Freizeit auch im Rahmen der Beschützenden Werkstatt ein
bestimmtes wöchentliches Stundenmaß speziellen Erziehungs- und Bildungsbemühungen gewidmet werden.

3. Die Beschützenden Werkstätten leiten den geistig behinderten Jugendlichen und Erwachsenen an, im Rahmen seiner Möglichkeiten einen
mehr oder minder großen Teil zu seiner *wirtschaftlichen Selbsterhaltung*
beizutragen; denn abgesehen von den charakterlichen Folgen einer über
das unabänderliche Maß hinausgehenden Mühelosigkeit und Abhängigkeit
ist neben den berechtigten Ansprüchen der Umwelt vor allem die Gefahr
des totalen Angewiesenseins des Behinderten auf Unterstützung nüchtern
zu berücksichtigen.

Durch Wahrnehmung dieser Aufgabe entlasten die Beschützenden
Werkstätten einerseits die Eltern des Behinderten in wirtschaftlicher Hin-
sicht zu einem gewissen Teil und mildern zugleich deren kräftemäßige
Überbeanspruchung.

4. Die Beschützenden Werkstätten haben die besondere Funktion des
Schützens für die geistig behinderten Jugendlichen und Erwachsenen. Auf
Grund ihrer seelischen, geistigen und körperlichen Situation sind sie im allgemeinen dem Konkurrenzkampf auf dem freien Arbeitsmarkt nicht gewachsen. Reguläre, normaldifferenzierte und umfängliche Arbeitsanforde-
rungen würden sie wesentlich überfordern und ihre Leistungen auf ein Maß
reduzieren, das weit unter ihren Möglichkeiten liegt, oder körperliche und
seelische Krisen würden sie binnen Kurzem völlig arbeitsunfähig machen
— zumindest in der Form unangepaßter Reaktionen auf Situationen,
denen sie nicht gewachsen sind. In jahrelanger Erziehungsarbeit geschaffene
innere Ausgeglichenheit, Sicherheit und Umgänglichkeit würden zusam-
menbrechen. Aber auch manche äußerst rentablen und vom Behinderten
an und für sich zu schaffenden Arbeiten erweisen sich als völlig unzu-
träglich, wenn sie als Dauer- und Massenfertigung verlangt werden, da sie
zu einem Rückfall in mühsam überwundene Bewegungsstereotypien verleiten, zu abstumpfender Monotonie und Unlebendigkeit und dadurch
über kurz oder lang einer rapiden Leistungsminderung und Beeinträchtigung des Gesamtverhaltens Vorschub leisten.

Schließlich benötigt der Geistigbehinderte ein Mehr an leiblicher Fürsorge, an persönlicher Ansprache und Anleitung.

Nur wenn ihm — wie in den Beschützenden Werkstätten — diese
besondere Obhut zuteil wird, vermag er sein Optimum zu leisten. Wird
ihm dieser Schutz dagegen versagt, fällt er — einmal ganz von seinem

Schicksal als Mensch abgesehen — nicht nur als Glied im Wirtschaftsleben völlig aus, sondern bedarf zusätzlich elterlicher und weitgehend staatlicher Unterstützung — zumeist in der Größenordnung der Unterbringungskosten in einer Anstalt.

Die Funktion des Beschützens stellt im Rahmen der Beschützenden Werkstätten jedoch keine feste Größe dar. Mit zunehmender Nachreifung des Behinderten soll sie abnehmen und Arbeitsverhältnissen Platz machen, die mehr und mehr denen der freien Wirtschaft ähneln.

Behinderte, die sich so entwickelt haben, daß sie mit Erfolg einen geeigneten Arbeitsplatz außerhalb der Beschützenden Werkstatt ausfüllen können, sollten dorthin vermittelt werden. Jedoch sollten Beschützende Werkstätten prinzipiell ausreichende Dauerarbeitsplätze auch für Behinderte mit geringer Leistungsfähigkeit besitzen.

Neben den pädagogischen sind folgende wirtschaftliche Funktionen der Beschützenden Werkstätten hervorzuheben:

Optimale Eingliederung des geistig schwer behinderten Jugendlichen und Erwachsenen in den Wirtschaftsprozeß, Ermöglichung der Beteiligung an der Schaffung bzw. Mehrung des Sozialprodukts, Steigerung der diesbezüglichen Leistungskapazität des Behinderten und wesentliche Ersparnisse an Anstalts- und Pflegekosten.

Auch bei negativer Veränderung der Wirtschaftslage erweisen sich Beschützende Werkstätten wirtschaftlich gesehen darum als rentabel und machen die erforderlichen Ausgaben für Erstellung und Unterhaltung bzw. Bezuschussung dieser Einrichtungen zu einer Aufgabe ökonomischer Vernunft.

Allerdings würde der wirtschaftliche Wert der Beschützenden Werkstätten durch Hintanstellung der pädagogischen Gesichtspunkte ins Gegenteil verkehrt werden, d. h. wenn statt der Bemühungen um eine sinnvolles, erfülltes Leben des Behinderten, um seine Weitererziehung, um seine teilweise wirtschaftliche Selbsterhaltung und um den erforderlichen Schutz zur Ermöglichung seines Optimums wirtschaftliche Aspekte einseitig vorherrschen würden. Wenn alles darauf abgestellt würde, daß sich die Beschützenden Werkstätten weitgehend selber tragen sollten, wenn Leistungssteigerung der Behinderten um jeden Preis erzwungen, eine Auslese nach den Gesichtspunkten der „Brauchbarkeit" erfolgen oder eine möglichst schnelle Überweisung an einen Arbeitsplatz in der freien Wirtschaft forciert würden, wäre auch die wirtschaftliche Funktion der Beschützenden Werkstätten binnen kurzem in Frage gestellt.

Es gilt hier also, die *Abhängigkeit der ökonomischen Funktionen von den pädagogischen* zu sehen und die Organisation der Beschützenden Werkstätten ebenso an pädagogischen wie an wirtschaftlichen Gesichtspunkten zu orientieren und ihren teils pädagogischen und teils betrieblichen Charakter zu wahren.[80])

5. Wohnheim

Aufgabe des Wohnheimes ist es, jugendliche und erwachsene Geistigbehinderte, die in einer Beschützenden Werkstatt oder an einem beschützten Arbeitsplatz tätig sind und nicht im Elternhaus bleiben können, ein Zuhause zu bieten.

Somit ergänzt das Wohnheim die Funktion der Beschützenden Werkstatt, dem Geistigbehinderten *sowohl Schutz als auch optimale Selbständigkeit* zu gewähren.

Nicht zuletzt aber vermag das Wohnheim *in erzieherischer Hinsicht* mit der Pflege der Geselligkeit und mit sinnvoller Freizeitanregung zur Erhaltung der gewonnenen seelisch-geistigen Möglichkeiten entscheidend beizutragen und für *wesentliche Ergänzungen* hinsichtlich der Erziehungserfordernisse, die sich aus dem zunehmenden Lebensalter des Behinderten ergeben, zu sorgen.[81])

6. Heim

Neben der außerordentlichen Bedeutung der häuslichen Erziehung gerade für das geistig behinderte Kind gilt es jedoch auch die Grenzen des sachlich Möglichen und menschlich Vertretbaren in dieser Hinsicht zu sehen.

Selbst bei vorsichtiger Schätzung ist damit zu rechnen, daß mindestens 25 % der geistig behinderten Kinder und Jugendlichen nicht im Elternhause erzogen werden können und also Erziehung (neben Pflege und ärztlicher Betreuung) im Rahmen eines Heimes und dessen jeweiligen Erziehungseinrichtungen (Sonderkindergarten, Sonderschule usw.) erhalten müssen.

Die *Hauptgründe*, welche eine *Heimaufnahme* erforderlich machen, sind

1. umfängliche und dauernde *körperliche Pflegebedürftigkeit* oder stetige medizinische Aufsichtsbedürftigkeit,

2. prinzipielle *erzieherische Überforderung der betreffenden Eltern* durch die besondere seelisch-geistige Situation ihres behinderten Kindes und

3. *besondere Lebensverhältnisse der Familie* (Zahl und Alter der Geschwister des behinderten Kindes, Wohnverhältnisse usw.), die auf absehbare Zeit die häusliche Betreuung und Erziehung des geistig behinderten Kindes als unangebracht erscheinen lassen wegen zwangsläufiger schwerwiegender Beeinträchtigungen der gesamten Familiensituation.[82])

Obschon in den genannten Fällen die Übernahme der Erziehung und Pflege durch ein Heim als optimal anzusehen ist, dürfen doch neben der außerordentlich wichtigen Wirksamkeit die prinzipiellen Grenzen der Heimerziehung nicht übersehen werden, wenn voreilige Entschlüsse seitens der Eltern vermieden werden sollen.[83]

Wesentlich häufiger als eine definitive Heimeinweisung erscheinen heute dagegen begrenzte Aufenthalte geistig behinderter Kinder in besonderen *Kurheimen* zu gezielter erzieherischer Unterstützung und zu vorübergehender Entlastung der Eltern sinnvoll.

7. Zum Problem eines Heilpädagogischen Zentrums

Verständlicherweise wird mancherorts eine Zusammenfassung aller Einrichtungen für Behinderte in einem „Heilpädagogischen Zentrum" angestrebt: Sonderkindergärten für Geistigbehinderte, für Körperbehinderte, für Verhaltensgestörte usw. sollen neben den Sonderschulen für die verschiedenen Behindertensparten, neben den Beschützenden Werkstätten, dem Wohnheim, der Erziehungsberatungsstelle usw. etabliert werden.

Unstreitig ließe sich hierdurch ein besseres Verständnis zwischen den Behindertengruppen untereinander erreichen, eine ökonomische Verwaltung organisieren und eine rentable Auslastung von Spezialkräften (Logopädinnen, Krankengymnastinnen usw.) ermöglichen.

Für Orte, die einschließlich des in Frage kommenden Einzugsbereiches mit nicht mehr als 100 000 Einwohnern zu rechnen haben, wird die Einrichtung eines solchen Zentrums vor allem aus wirtschaftlichen Gründen oft den einzigen praktikablen Weg für eine angemessene pädagogische Betreuung der Behinderten darstellen.

Große *Vorbehalte* sind jedoch gegenüber einem solchen Projekt bei anderen zahlenmäßigen Gegebenheiten anzumelden: Zunächst würde sich hier ein Heilpädagogisches Zentrum rasch zu einem Mammutbetrieb auswachsen, dessen Vielgliedrigkeit und Unübersehbarkeit nicht zuletzt für den Geistigbehinderten eine nennenswerte Gefahr hinsichtlich seiner seelisch-geistigen Entwicklung darstellen würde.

Ferner würde ein solch großes Zentrum — gleich ob es im Kern oder am Rande des Einzugsbereiches läge — zwangsläufig ein mehr oder minder geschlossenes Gebilde darstellen, wodurch das erforderliche Verständnis für den Behinderten und seine Probleme seitens der Umgebung erschwert und statt dessen einem Gettovergleich Vorschub geleistet würde.

Von besonderem Nachteil ist es des weiteren, daß der Behinderte in solchem Zentrum allzusehr in einer eigenen, gleichsam künstlichen Welt lebt und viele wichtige Bezüge des Alltags nicht kennen und sich in entsprechenden Situationen kaum zu bewähren lernt, was die erforderliche Erziehung zu Selbständigkeit und zu optimaler Eingliederung wesentlich zu beeinträchtigen angetan ist.

Schließlich muß auf die Gefahr hingewiesen werden, daß in einem Heilpädagogischen Zentrum spezielle pädagogische Erfordernisse für die einzelnen Behindertengruppen nicht immer hinreichend deutlich voneinander abgehoben gesehen werden, wodurch eine angemessene Förderung in Frage gestellt ist.

Wenn mit diesen Gesichtspunkten auch vor wohlmeinenden Superkonstruktionen zu warnen ist, so soll doch aber keineswegs die Bedeutung von aus wirtschaftlichen oder anderen Gründen angezeigten und pädagogisch vertretbaren Zusammenfassungen verschiedener Einrichtungen für Behinderte übersehen werden, so etwa die Nachbarschaft von Sonderkindergarten und Sonderschule für Geistigbehinderte. Als unzweckmäßig dagegen erweist sich insbesondere die räumliche Zusammenlegung von Sonderschule für Geistigbehinderte und Beschützender Werkstatt, soll die besondere Lebenssituation des erwachsenen Geistigbehinderten angemessen respektiert werden. Auch eine Nachbarschaft zwischen Sonderschule für Geistigbehinderte und Sonderschule für Lernbehinderte erweist sich aus psychologischen und pädagogischen Gründen als nicht günstig.

8. Zur Funktion des Elternhauses

Angesichts der in zunehmendem Maße vielerorts entstehenden, für die Entwicklung des geistig behinderten Kindes unerläßlichen Erziehungseinrichtungen der geschilderten Art bedarf es der nachdrücklichen Betonung, daß hierdurch die häusliche Erziehung des geistig behinderten Kindes weder geschmälert noch gar ersetzt werden sollte.

Vielmehr bleibt die *häusliche Erziehung* gerade hinsichtlich des seelischgeistigen Entwicklungsalters des geistig behinderten Kindes und seines dementsprechend erhöhten und weitgehend individuell gelagerten Erziehungsbedarfs *von fundamentaler Bedeutung* — ebenso was die Grundlegung als auch was die Fortsetzung der institutionellen Erziehungsbemühungen anbetrifft.

Soweit als irgend möglich sollte daher die häusliche Erziehung gefördert werden, da selbst die besten Erziehungseinrichtungen die anstehende Arbeit kaum je in der erforderlichen Umfänglichkeit und Intensität allein zu leisten vermögen.

Darüber hinaus gilt es zu sehen, daß die Rolle der Eltern Geistigbehinderter im Zusammenhang mit den verschiedenen Erziehungseinrichtungen keineswegs auf das Unterstütztwerden in erzieherischer Hinsicht beschränkt ist, sondern daß nicht selten gerade die Eltern es waren, welche die genannten Einrichtungen überhaupt erst ins Leben gerufen haben und mit außerordentlichem Engagement ihrerseits die Einrichtungen unterstützten — sei es in der Form grundsätzlicher Konzeptionen, sei es in der Obsorge für eine angemessene Lebendigkeit und Wirklichkeitsnähe, d. h. in einer Abwehr der Gefahren jeder institutionalisierten Erziehung, die gerade im Bereiche der Behindertenpädagogik als besonders schwerwiegend anzusehen sind, sei es schließlich in den Formen praktischer Mitarbeit, technischer oder finanzieller Hilfe oder sonstiger Mitträgerschaft.

Es handelt sich also bei dem Bezug zwischen Elternhaus und Erziehungseinrichtung für geistig behinderte Kinder nicht etwa nur um ein wünschenswertes, sondern um ein sachlich unerläßliches gegenseitiges Unterstützungsverhältnis. Das Maß an intensiver Zusammenarbeit erweist sich als geradezu ausschlaggebend für die Qualität der beiderseitigen Erziehungsarbeit.

VI. Die Erziehungssituation der Familie des geistig behinderten Kindes und Formen der Erziehungshilfe

Faßt man die Familien mit geistig behinderten Kindern ins Auge, so zeigt sich zunächst, daß sie generell wesentlich stärkeren erzieherischen Belastungen ausgesetzt sind als Familien mit nicht behinderten Kindern.[84])

Sodann aber wird deutlich, daß sich die Belastungen im Laufe der Entwicklung des Kindes qualitativ verändern, indem bestimmte Erziehungsprobleme thematisch für bestimmte Zeiten in den Vordergrund treten.

Bei der folgenden Schilderung sollen die jeweils charakteristischen Erziehungsprobleme in der zeitlichen Reihenfolge, in der sie zumeist auftreten, herausgestellt werden.

Daneben sollen jedoch auch zugleich die erforderlichen Wegweisungen erörtert werden, wodurch die Belastungsphasen als konkrete Aufgabenstufen verstanden werden.

1. Ausgangslage

Oft wird die geistige Behinderung erst gegen Ende des ersten Lebensjahres oder noch später entdeckt, obschon sie von Anfang an vorlag.

Art und Maß der Belastung der Eltern durch diese Entdeckung sind von *P. S. Buck* und *M. Egg*[85]) nachdrücklich geschildert worden. Die gelegentlich durch arglos-robuste Aufklärung jäh hereinbrechende, oft aber erst allmählich ihrem Höhepunkt zulaufende Erschütterung weicht nicht selten einem unbestimmten Gefühl des Verantwortlichseins, das in ein verzweifeltes Suchen nach Gründen und nach eigener *Schuld* einmündet. Vom Genußmittelkonsum und dem Gebrauch bestimmter empfängnisverhütender Mittel über Abtreibungsversuche und Unvorsichtigkeiten während der Schwangerschaft, Pflegeunpünktlichkeiten bis hin zu weit zurückliegenden „Jugendsünden" reicht die Skala der vermeintlichen Ursachen, die sich Eltern selber anlasten — gelegentlich noch bestärkt durch halbblaue Vermutungen der Umwelt und rückständige Druckerzeugnisse.[86])

Charakteristisch für diese seelische Belastung durch Schuldgefühle ist, daß sie weitgehend auf bloßen Vorstellungen beruhen, nicht aber auf wirklich vorliegenden Kausalzusammenhängen zwischen vermutetem Fehler und geistiger Behinderung.

Jedoch: „Psychische Realität ist Realität" (*C. G. Jung*). Ihre Größenordnung und das Maß ihrer belastenden Wirkung ist weitgehend unabhängig von objektiven Gegebenheiten. Das gilt auch hinsichtlich der Selbstvorwürfe, die sich Eltern geistig behinderter Kinder gelegentlich machen, weil sie in einer Stunde der Verzweiflung, der Verzagtheit oder des Aufbegehrens verständlicherweise einmal gebetet, geseufzt oder gefordert haben, ihr Kind möge doch von seinem Schicksal erlöst werden.

Je stärker sich Eltern nun in das Gefühl eigener Schuld hineinsteigern und zu Selbstvorwürfen neigen, desto größer ist gelegentlich auch die Tendenz, das Schicksal, ein geistig behindertes Kind zu haben, als Strafe hinzunehmen und alles zu unterlassen, was diese Strafe mildern könnte.

Das Bedenkliche an der Selbstbelastung der Eltern durch mehr oder minder umfängliche Schuldgefühle liegt in der relativ unfruchtbaren Bindung wesentlicher Kräfte durch die Beschäftigung mit der eigenen Person — in einer Situation, in der alle, aber auch wirklich alle Kräfte für etwas viel Wichtigeres, nämlich für die außerordentlich schwierige und mühselige Erziehung des geistig behinderten Kindes benötigt werden.

Die kraftabziehende Wirkung der Schuldgefühle wird besonders deutlich bei Betrachtung der Wege, die oft eingeschlagen werden, um mit diesen Gefühlen fertig zu werden, die jedoch gelegentlich auch zu beobachten sind, ohne daß Schuldgefühle vorliegen.

Hier ist zunächst auf die *Beobachtungshaltung* hinzuweisen, auf die Faszinierung durch die Symptome, die sich im fixierten Blick auf die Grenze, auf das Unmögliche kundtut und im Unfähigsein, die offengebliebenen Möglichkeiten des Kindes zu sehen. Hier wird das Kind nur zu leicht zum Beobachtungsobjekt, zum Gesprächsgegenstand, zum Anlaß umfänglicher laienhafter medizinischer Spezialstudien oder zur Hauptperson eines minuziös geführten Tagebuches — nicht ohne daß sich hinter dieser lähmenden, untätig machenden Erstarrung oft Illusionen verbergen, ein Nicht-wahr-haben-wollen oder Hoffnungen auf das große Wunder, für dessen Verwirklichung freilich kaum sinnvolle Schritte unternommen werden.

Das eigentlich Belastende dieser Haltung liegt ebenso in der inneren Verspannung der Eltern wie in der Isolierung, der Abkapselung, zu der solche Beobachtung und heimlich genährte Riesenhoffnung in der Regel zu führen pflegen.

Hier gilt es also vor allem, den Blick aufzuschließen für die offengebliebenen Möglichkeiten und Energien, die an bloßes Beobachten und Hoffen verwandt wurden, auf realistische Aktionen anzusetzen und den Kontakt mit der Umwelt zu eröffnen.

Neben der Beobachtungshaltung als Form der Auseinandersetzung mit der Erschütterung durch die Entdeckung der Behinderung stehen Vorwurfshaltung, Opferhaltung und Fluchthaltung.

In der *Vorwurfshaltung* wird weitgehend das eigene Schuldgefühl etwa auf den Ehepartner projiziert; es werden z. B. in dessen Verwandtschaft Anzeichen für erbliche Belastung gesucht, man verdächtigt insgeheim. Oder aber man zichtigt Umwelt, Nachbarschaft, Bekanntschaft, Verwandtschaft des lieblosen, verständnislosen Verhaltens und begegnet der Welt demgemäß versteckt oder offen aggressiv, feindlich — wodurch man natürlich über kurz oder lang Reaktionen heraufbeschwört, die dann diese Unterstellung zu beweisen angetan sind.

Die extreme Unzweckmäßigkeit solchen Verhaltens ist offenkundig, weniger jedoch das Unglücklichsein der in diese Haltung Geratenen, denen gegenüber es gilt, negative Phantasie in positive Erziehungs- und Kontaktkräfte umzuwandeln, was vor allem durch das Aufzeigen sinnvoller Aufgaben geschehen kann.

Ganz anderer Natur als die Vorwurfshaltung ist die *Opferhaltung*. Hier gibt ein Elternteil sein ganzes Leben für das geistig behinderte Kind her, verzichtet auf Feierabend, Ferien, auf die großen und kleinen Freuden, richtet den ganzen Tages- und Lebenslauf nahezu ausschließlich auf den Dienst am behinderten Kinde aus. Teils wird dabei unter dem Motto „Das behinderte Kind soll es wenigstens gut haben" alle Arbeit und Aufgabe, die es von dem Kind zu leisten gilt, erspart und selbst getan und alles an materiellen Opfern gebracht, was man sich irgend abzuverlangen imstande ist — mit dem Erfolg, daß das behinderte Kind bedenklich verwöhnt und weit weniger selbständig wird, als es ihm sonst möglich wäre.

Teils aber wird in dem verständlichen Wunsche, „zu retten, was noch zu retten ist", ein Übermaß an pädagogischer Mühe aufgewandt, so daß weder dem Erzieher noch dem Kinde Atem zum Leben und Lachen bleibt.

Es gilt, die ganze Verzweiflung der Eltern zu sehen, um die ganze Intensität und Einseitigkeit solcher Opferhaltung zu verstehen, das Übermaß an Selbstbelastung, das die positive Seite des Lebens oft völlig zu verdunkeln vermag.

Neben der physischen und ökonomischen Überbelastung durch diese Haltung ist vor allem festzustellen, daß jene Selbstüberforderung auf die Dauer zumindest geheime Erwartungen und Ansprüche gegenüber der Umwelt nährt — und seien es nur Dankbarkeit oder Bewunderung — und daß mangelnde Erfüllung in dieser Hinsicht Vorwürfe zeitigt und Opfergaben zur Pein für den Empfänger werden läßt.

Allerdings: Weit mehr als das nicht behinderte bedarf das behinderte Kind des Einsatzes, der Zeit, der Kraft, der Zuwendung, der Geduld — jedoch nur so weit und dergestalt, als es ihm zu seiner eigenen Entwicklung dient und nicht die Selbstzerstörung des Opfernden oder den Zusammenbruch eines ganzen Familienlebens mit sich bringt.

Wiederum anders thematisiert als die Opferhaltung ist die *Fluchthaltung* als Verarbeitungsform der Entdeckung der geistigen Behinderung des eigenen Kindes. Namentlich — wenn auch nicht ausschließlich — findet man sie bei Vätern behinderter Kinder ausgeprägt als beruflichen Leistungsehrgeiz oder als engagiertes gesellschaftliches Geltungsstreben — gleichsam um sich und der Welt zu beweisen, daß man keineswegs wegen seines geistig behinderten Kindes abklassifiziert werden dürfe. Je weiter man es in der genannten Richtung bringt, desto sicherer erscheint der erstrebte Beweis, desto größer ist auch die Gefahr der Distanzierung der Umwelt und der eigenen Überbelastung bei dieser Form des Auswegsuchens, die mit den vorgenannten gemeinsam hat jene Fixierung und Anspannung auf bestimmte Ziele hin — nur jedoch nicht auf die dringend erforderlichen nüchternen Aktionen erzieherischer Art.

In allen Fällen wird die Behinderung bewußt oder unbewußt zum Zentralthema. Das eigentlich Belastende von Beobachtungs-, von Vorwurfs-, Opfer- und Fluchthaltung als Hauptformen der Reaktion auf die Entdeckung der geistigen Behinderung ihres Kindes durch die Eltern liegt in der *Spannung zur Umwelt*, die sie zwangsläufig heraufbeschwören, in der *Abkapselung, Isolierung* oder Feindseligkeit in einer Situation, in der jede nur erdenkliche Hilfe und Aufgeschlossenheit von außen wünschenswert wäre.

Daneben aber, teils als Ursache, teils auch als Folge dieser Spannungen, läßt sich eine psychische *Selbstüberforderung* konstatieren, mit der häufig eine physische und ökonomische Selbstüberforderung einhergeht, wodurch bereits die Ausgangsbelastung für die Eltern beträchtlich komplex und gravierend gestaltet wird.

Dies erfassen heißt zugleich die außerordentliche Bedeutung der Erstberatung von Eltern geistig behinderter Kinder sehen. Es geht darum, verständliche Irrwege der genannten Art zu vermeiden, offengebliebene Möglichkeiten zu zeigen, zu konkreten Aufgaben anzuleiten, d. h. in sinnvolle Aktion und nüchternes Planen zu führen, wirkliche Schuld jedoch auf die Möglichkeiten wirklicher Vergebung hinzuweisen. Wenn dies bereits in dieser ersten Belastungsphase gelingt, dann wird die bestürzende Entdeckung des Anderssein des eigenen Kindes zur Chance, das Mögliche zu sehen und zu tun und nicht das Herz hoffend oder verzagend an Unmögliches zu hängen und untätig zu bleiben oder auszuweichen.

2. Kritische Phasen

Die Entdeckung der Behinderung durch die Umwelt

Etwa im 2. Lebensjahr beginnt die Nachbarschaft und die Verwandtschaft in umfänglicherem Maße die geistige Behinderung zu entdecken. Man vermißt das Kind auf dem Spielplatz, bei Besuchen usw. und mutmaßt, daß wohl etwas nicht stimme und die Eltern es darum verbergen, und tauscht — meist hinter dem Rücken der Eltern — seine Beobachtungen aus.

In zweierlei Form bekommen die Eltern des behinderten Kindes gewöhnlich die Entdeckungen der Umwelt zu spüren: entweder als Distanz oder als Aufdringlichkeit.

Mit *Distanz* ist hier jene Beklommenheit gemeint, die aus der Unsicherheit gegenüber dem Ungewohnten, Fremden entspringt und geistige Behinderung — gelegentlich übrigens sogar ganz naiv und wörtlich — für ansteckend hält. Mitunter allerdings wird diese Distanz auch von den Eltern behinderter Kinder auf die Umwelt nur projiziert, ohne wirklich vorhanden zu sein. Wo man Distanz erwartet, verhält man sich so, daß man sie provoziert.

Aufdringlichkeit als Reaktion der Umwelt auf die Entdeckung der Behinderung widerfährt den Eltern zumeist in der Form des neugierig-spähenden Mitleids, der herablassenden Anteilnahme oder des untätigen Bedauerns.

Im Grunde genommen isoliert und deklassiert Aufdringlichkeit ebenso wie die zuvor geschilderte Distanz — und hier liegt auch die eigentliche Belastung dieser Phase des unausweichlichen Ans-Tageslicht-treten-müssens mit dem eigenen behinderten Kinde. In hundert und aber hundert einzelnen Situationen des Alltags erleben Eltern behinderter Kinder das Gegenteil von dem, wessen sie so dringend bedürfen: wirkliches menschliches Verständnis, freundlicher Kontakt und unaufdringliche praktische Hilfe.

Jedoch: ebensowenig wie das geistig behinderte Kind so ist, wie es die Eltern erhofften, ist es auch die Umwelt; und auch der Umwelt gegenüber ist es nicht sinnvoll, etwas erzwingen zu wollen oder in bloßem Vorwurf zu verharren. Soll hier eine sinnvolle Einstellung Platz ergreifen, müssen die Eltern der Umwelt Hilfe zum Verstehen geben, indem sie um Rat fragen, erklären, selber *Verständnis für Unverständnis aufbringen* und sich kontaktbereit halten, statt sich scheu zu verstecken mit dem eigenen Kinde.[87])

Auf diese Weise vermögen sich die Eltern geistig behinderter Kinder intensivere und wertvollere Kontakte zu erschließen, als es ansonsten oft möglich ist — ganz abgesehen von den Reifungsmöglichkeiten, die sie der Umwelt durch dieses Teilhabenlassen an einer besonderen Dimension des Menschseins gewähren.

Die Entdeckung der Behinderung durch das behinderte Kind selbst

Je weiter sich das geistig behinderte Kind entwickelt, desto mehr kommt es mit anderen Kindern, auch mit gleich großen und gleich alten, in Berührung und *vergleicht* — etwa um das 4. Lebensjahr — unwillkürlich seine Leistungen, z. B. bei Wettlauf, Dreirad- oder Rollerfahren, bei Hilfeleistungen usw., mit denen der gleich großen Kinder. Dies geschieht allerdings zumeist erst nach schmerzlichen Erlebnissen des Getadeltwerdens von Erwachsenen oder des Ausgelachtwerdens und des Ausgeschlossenwerdens von den Altersgenossen.

Obschon das behinderte Kind sein Anderssein nicht klar zu erfassen und abzumessen vermag, spürt es doch deutlich das Besondere und Beeinträchtigende seiner Lage, ohne von sich aus über Möglichkeiten zu einer sinnvollen Kompensation, etwa durch Leistungen auf anderen Gebieten oder durch gedankliche Verarbeitung, zu verfügen.

Es fühlt sich vielmehr einfach überfordert, geht in *Trotzhaltungen*, wird nicht selten aggressiv oder bildungsunwillig, resigniert, verzagt und entwickelt eine *Lernunfähigkeit* selbst in Bereichen, die ihm an sich noch offenstünden.

Indem es aber dergestalt eine Rolle bejaht, in die es unversehens hineingedrängt wird, kommt es zu Familienbelastungen ganz besonderer Art: Nicht nur, daß die Erziehung des geistig behinderten Kindes ohnehin schon durch das Erfordernis unzähliger Wiederholungen und geduldiger Hilfeleistungen extrem erschwert ist, sondern zusätzlich bilden sich nun beim behinderten Kinde als Reaktion auf das Erlebnis des Behindertseins und auf entsprechende nachdrückliche Hinweise der Umwelt auf diesen Tatbestand bestimmte Abwehrhaltungen gegenüber den Erziehungsbemühungen heraus, welche die geistige Behinderung nicht nur wesentlich schwerer erscheinen lassen, als sie in Wirklichkeit ist, sondern die vor allem jeden Erziehungsschritt über Monate und oft über Jahre hin zu einem zähen Ringen werden lassen.

Angesichts dieser Problematik ist dreierlei vonnöten: erstens gilt es, das geistig behinderte Kind nach Möglichkeit gegenüber abwertenden Beurteilungen der Umwelt zu *immunisieren* und ihm weitmöglichen Ersatz durch betonte *Anerkennung* für das, was es tatsächlich kann, zu geben; zweitens sollte nichts unversucht bleiben, auf die *Einstellung* auch der Spielgefährten des behinderten Kindes *positiven Einfluß* zu gewinnen, was übrigens manchmal leichter gelingt als gegenüber Erwachsenen; drittens aber bedarf es der unermüdlichen erzieherischen Bemühungen, in kleinen und kleinsten Schritten und in endloser Wiederholung ein *Terrain des Könnens* zu *erobern* und damit dem Kind zu beweisen, daß es bei entsprechender Mühe doch dieses und jenes lernen kann.

Die Entdeckung des Ausschlusses von den normalen Bildungschancen

Wenn das geistig behinderte Kind 6 oder 7 Jahre alt wird und seine Altersgenossen in der Schule angemeldet werden, pflegt für die Eltern eine neue Phase der seelischen Belastung zu beginnen: Während für jedes andere Kind *Bildungseinrichtungen* zur Verfügung stehen, *fehlen* sie doch heute noch oft gerade für diejenigen Kinder, die sie am meisten nötig hätten und deren Eltern mehr als alle anderen der fachkundigen Entlastung bei der Erziehung bedürfen.

Doch selbst wo Bildungseinrichtungen (Sonderschulen für Geistigbehinderte) vorhanden sind, belastet es die Eltern nicht selten schwer, daß hier nicht wie in anderen Schulen Lesen, Schreiben und Rechnen ganz im Mittelpunkte stehen.

Ebenso aber wie der Gedanke, ihr Kind könne Analphabet bleiben, viele Eltern belastet und zu manchmal recht unzweckmäßigen außerschulischen Bildungsbemühungen und zu *bedenklichen Hoffnungen* veranlaßt, beeinträchtigt andere Eltern gerade umgekehrt die *Sorge,* durch gezielte Erziehungsarbeit würde ihnen ihr Kind, an dessen rührende Kinderhaftigkeit sie sich schon gewöhnt haben, verlorengehen.[88])

Während gegenüber dieser belastenden Sorge meist vernünftige *Aufklärung* und der Hinweis auf die Bedeutung einer weitmöglichen Überwindung der Unselbständigkeit für das spätere Schicksal des Behinderten ihren Zweck erfüllen, und während bei übertriebenen Hoffnungen und unzweckmäßigen Bemühungen in der Bildungsarbeit die Gefahren solcher Tendenzen aufzuzeigen sind, bleibt angesichts des belastenden Mangels von Bildungseinrichtungen für geistig behinderte Kinder nur forcierte Bemühung um eine baldmögliche Etablierung; daß eine Überbrückung bis zur Gründung noch fehlender Bildungseinrichtungen in der Form von Privatunterricht eine z. T. starke finanzielle Belastung für die Eltern geistig behinderter Kinder mit sich bringen kann, liegt auf der Hand.

Am Rande sei übrigens vermerkt, daß die Belastung, die sich aus der Schulproblematik ergibt, nicht selten gerade von den Vätern empfunden wird. Gelegentlich zeigt sich das in einer nahezu völligen Distanz gegenüber dem behinderten Kinde, mit dem der Vater nun überhaupt nichts mehr anfangen zu können glaubt, wenn es nicht einmal in eine „richtige Schule" kann. Daß durch solches Verhalten die Belastung der Mutter extrem vergrößert wird, ist verständlich.

Dagegen erweist sich die Überwindung zur Einsicht in die wirklich vorhandenen Ausbildungsmöglichkeiten des geistig behinderten Kindes und ihr nüchternes Ausschöpfen hier als entscheidende Aufgabe.

Die Entdeckung des Unverständnisses der weiteren Umwelt

Mit seinem Eintritt in entsprechende Bildungseinrichtungen — also zwischen dem 6. und 8. Lebensjahr — tut das geistig behinderte Kind in der Regel einen weiteren Schritt in die Öffentlichkeit. Es kommt mit fremden Menschen zusammen — allein auf dem Wege in seine Schule, in öffentlichen Verkehrsmitteln usw.

Hier nun aber begegnet man ihm zunächst schematisch, d. h. man orientiert sich mit seinen Erwartungen, Wünschen, Forderungen an der körperlichen Entwicklung des Kindes — zumeist ohne auf den ersten Blick zu sehen, daß man es mit einem Kinde zu tun hat, dessen seelisch-geistige Entwicklung eben nicht diesem Alltagsschema entspricht.

So kommt es durchweg zu unfreiwilligen und keineswegs immer bös gemeinten *Überforderungen* des geistig behinderten Kindes, zu Vorwürfen und Tadel seitens der Umwelt — mitunter auch zu Spott und offener Ablehnung.

Die Scheu, *Abkapselung, Unsicherheit* oder gar *Feindschaft* des geistig behinderten Kindes gegenüber der Umwelt, die aus dieser Erfahrung resultiert, das „Schwierigwerden", wie es oft heißt, kommt nun als neue erzieherische Belastungsprobe auf die Eltern zu.

Natürlich hat es hier wenig Zweck, mit der gesamten Umwelt zu hadern, was die geschilderte Kluft nur noch vergrößern würde. Es geht vielmehr darum, dem behinderten Kinde zu *Umgangsformen* zu verhelfen und zu einer Art der Zurückhaltung, die es nach Möglichkeit im Umgang mit Fremden angenehm sein läßt. Nicht zuletzt aber hängt die Überwindung der genannten Schwierigkeiten weitgehend davon ab, inwiefern die Eltern *Verständnis eben auch für das „völlig unverständliche" Verhalten der Umwelt aufbringen,* d. h. auch dort zu verzeihen lernen, wo allgemeinhin kaum noch verziehen wird.

Die Entdeckung der verminderten Berufschancen des geistig behinderten Kindes

Wenn das geistig behinderte Kind etwa 14—15 Jahre alt ist und seine Altersgenossen sich der speziellen beruflichen Tätigkeit bzw. Ausbildung zuwenden, tritt für die Eltern nicht selten abermals eine große Belastungsprobe auf — und zwar in der Form der Versuchung, *überspannte Hoffnungen* über reale Möglichkeiten dominieren zu lassen und aufzubegehren, die Verwirklichung unerreichbarer geheimer Erwartungen doch noch zu ertrotzen und auf einem letzten „Wenigstens" zu bestehen.

Oft ist es auch einfach die Sorge, die Eltern beim Gedanken an die Zeit überkommt, in der sie ihrem behinderten Kinde nicht mehr zur Seite stehen können, und die sie veranlaßt, sich mit Grübeleien, mit zum Scheitern verurteilten Berufsplänen und Ausbildungsvorhaben zu belasten.

Die letztgenannte Belastungsphase stellt wie alle voraufgegangenen die *Aufgabe der Realitätsprüfung* und der Annahme der Wirklichkeit an die Eltern. Man kann die Familienbelastung angesichts der Entwicklung des geistig behinderten Kindes geradezu als eine Stufenfolge von zu überwindenden normalen Ansprüchen und Erwartungen der Eltern gegenüber ihrem behinderten Kinde und gegenüber der Umwelt bezeichnen.

Gelingt diese Überwindung, diese Umformung, dann wird aus der Abfolge verschiedenartiger Belastungen ein Prozeß zunehmender Ernüchterung und Einsicht.

Allerdings — die Dimension dieser Aufgabe ist extrem, und es steht außer Frage, daß die Eltern in jeder der verschiedenen Krisenphasen sachkundiger Hilfe bedürfen. *Nicht nur das geistig behinderte Kind also braucht eine Lebenshilfe — seine Eltern brauchen sie zumindest ebenso.*

Jedoch wird eine sinnvolle Hilfe weniger darin bestehen, den Eltern die Belastungen einfach abzunehmen, als vielmehr darin, ihnen die in der Belastung steckenden Aufgaben zu zeigen und zu konkreten kleinen Schritten zu deren Bewältigung anzuleiten.[89])

Je mehr die Eltern geistig behinderter Kinder von blickverengender, lähmender oder zu fragwürdiger Aktion treibender innerer Belastung zu nüchterner Erfassung der wirklich offengebliebenen Möglichkeiten, zu *kritischem Optimismus* und zu entschiedener *Übernahme* der jeweils nächsten *Aufgabe* gelangen, desto mehr eröffnet sich ihnen das, was man als ihre besondere Chance bezeichnen könnte: Einsicht in Dimensionen des Menschseins, die Außenstehenden in diesem Maße zumeist verborgen bleiben und Haltungen gereifter Menschlichkeit, die im allgemeinen nur zu finden sind, wo besondere Schicksale getragen werden.

3. Formen der Erziehungshilfe

Angesichts der extrem erschwerten Erziehungssituation, in der sich die Eltern geistig behinderter Kinder durchgängig befinden, sind es vor allem folgende Maßnahmen, die zur Erleichterung ihrer Lage und insbesondere zur Erziehungshilfe angezeigt sind:

1. *Praktische Hilfe* als nachbarschaftsartige tages- oder stundenweise Entlastung durch Übernahme der Betreuung des geistig behinderten Kindes — nicht zuletzt um den Eltern auch die erforderliche Freizeit und Geselligkeit außer Hause zu ermöglichen.

2. *Erholungskuren* namentlich für Mütter geistig behinderter Kinder, die u. U. nachhaltiger wirken, wenn das Kind gesondert untergebracht und wenn die Erholung nicht im Kreise von Müttern behinderter Kinder erfolgt, sondern in einer auch in dieser Hinsicht entlasteten Umgebung.

3. *Wirtschaftliche Hilfe* zur Sicherung der häuslichen Grundlage der Erziehungsarbeit und zur Ermöglichung des Besuchs entsprechender Erziehungs- und Ausbildungseinrichtungen wie es das Bundessozialhilfegesetz vorsieht.

4. *Erzieherische Hilfe* durch Erziehungseinrichtungen für geistig behinderte Kinder und Jugendliche.

5. *Beratende Erziehungshilfe* durch besondere Erziehungsberatungsstellen oder im Rahmen der speziellen Erziehungseinrichtungen.

6. *Seelische Hilfe* für die besonderen inneren Nöte, denen Eltern geistig behinderter Kinder ausgesetzt sind.

Hinsichtlich der seelischen Hilfe für Eltern geistig behinderter Kinder erweist es sich in der Regel als wesentlich wirksamer, wenn statt bloßen Tröstens, Stützens und Unterstützens *vernünftige Aufgaben angeboten* werden, welche von negativer Resignation zu positiver Sinnerfüllung des Lebens zu führen vermögen.

Neben der durch Beratung und Anleitung zu profilierenden Erziehung des eigenen Kindes sind es vor allem neun Aufgaben, die sich hier stellen:

1. Auf- und Ausbau von Sonderkindergärten

2. Auf- und Ausbau von Beschützenden Werkstätten

3. Auf- und Ausbau von Wohnheimen

4. Bemühungen um die Errichtung von Sonderschulen für Geistigbehinderte bzw. Unterstützung dieser Schulen im Sinne intensiver Bemühungen um eine lebensnahe Unterrichtsarbeit

5. Erziehungsberatung für andere Eltern geistig behinderter Kinder einschließlich praktischer Anleitungen für die häusliche Erziehung

6. Elternberatung hinsichtlich familiärer und rechtlicher Probleme einschließlich entsprechender Bemühungen um notwendige gesetzmäßige Regelungen

7. Organisation von Ferienaufenthalten für Eltern und für geistig behinderte Kinder

8. Schaffung von Freizeiteinrichtungen für behinderte Jugendliche

9. Öffentlichkeitsarbeit — um das allgemeine Verständnis für die Belange des geistig behinderten Kindes zu fördern und damit eine wesentliche Grundlage für alle einschlägigen Maßnahmen zu schaffen.

In den vergangenen Jahren hat es sich gezeigt, daß die Eltern geistig behinderter Kinder nicht selten als Initiatoren und entscheidende Träger der Arbeit in den genannten Bereichen anzusehen sind.

Daß ihre Bestrebungen besondere Durchschlagskraft hatten, wenn sie sich zusammenschlossen, haben die Bemühungen der Bundesvereinigung *Lebenshilfe für das geistig behinderte Kind e. V.* nachdrücklich gezeigt.

Hinsichtlich 'der *Methode* der eigentlichen *Erziehungsberatung* läßt sich feststellen, daß es darum geht, in der jeweils angemessenen Art und unter steter Berücksichtigung der erzieherischen Gesamtsituation die Eltern für ganz konkrete und wirklich erreichbare Teilziele zu gewinnen und ihre Erziehungshaltung durch Konzentration auf ganz bestimmte Einzelzüge zu beeinflussen, d. h. in bewußter Selbstbescheidung nur das Mögliche anzustreben.[90])

Eine entscheidende Möglichkeit eröffnet die Stetigkeit des beraterischen Kontaktes. Sie gestattet nicht nur Ergänzungen und Korrekturen voraufgegangener Beratungen, sondern vor allem grundsätzlich ein stufenweises Vorgehen, wodurch die beraterischen Bemühungen zu einem fruchtbaren kontinuierlichen Prozeß zu werden vermögen, der auf die jeweilige Aufnahme- und Verarbeitungsfähigkeit der Eltern abgestellt werden kann. — Allerdings gilt es auch die Gefahren im Auge zu behalten, welche durch diesen beraterischen Dauerkontakt entstehen können, wenn es zu Fixierungen kommt; wo dem nicht durch angemessene Zurückhaltung vorzubeugen ist, muß mit Sorgfalt eine Ablösung angebahnt werden.

Eine andere Beeinträchtigung der Beratung pflegt sich einzustellen, wenn man den Eltern gewissermaßen nur mit einem Ohr zur Verfügung steht. Auf diese Weise läßt sich kaum sinnvolle beraterische Hilfeleistung bieten; denn für die Beratung braucht es vor allem Zeit, Ruhe und innere Sammlung.

In diesem Zusammenhange verdient erwähnt zu werden, daß auch Eltern geistig behinderter Kinder für ihre oft sehr mühsam erreichten Erziehungserfolge der Anerkennung bedürfen.

Die äußeren Formen für die Beratung sind vielfältig. Sie erstrecken sich von Hospitationen, Gesprächen in der Pause bis zu Hausbesuchen, Sprechstunden usw. Neben diesen Formen der individuellen Beratung stehen jedoch auch solche, welche der allgemeinen Beratung dienen — wie Merkblätter, Rundschreiben, Elternbüchereien, Bastel-, Sing- und Spielabende, Elternabende über Erziehungsfragen und ausgesprochene Gruppenberatung.

Eine besondere Form ist die Anleitung zur häuslichen Spielstunde, die im Rahmen einer Erziehungsstätte oder bei einem Hausbesuch gegeben werden kann.

Die großen Möglichkeiten, welche gerade in der Verschiedenartigkeit dieser Beratungsformen liegen, können jedoch nur dann sinnvoll ausgeschöpft werden, wenn man sich bewußt ist, was sie im einzelnen zu leisten vermögen und was nicht. Es ist zweckmäßig, sich weder auf eine dieser Formen allzusehr zu spezialisieren, noch alle gleichmäßig zu benutzen. Nur wenn man sich offenhält und prüft, welche im jeweiligen Fall angebracht ist, läßt sich leerer Schematismus oder bedenkliche Betriebsamkeit vermeiden.

Neben der Empfehlung von Literatur, die sich besonders für Eltern eignet, erweist es sich oft als nützlich, zur Ergänzung der Beratung die wichtigsten Leitsätze für die Erziehung zur Hand zu geben — etwa in folgender Form:

Leitsätze für die Erziehung des geistig behinderten Kindes

I. Grundlagen

1. Neben der körperlichen Pflege und regelmäßiger ärztlicher Betreuung bedarf das geistig behinderte Kind der Erziehung.

2. Die Erziehung des geistig behinderten Kindes ist nicht nur möglich, sondern ganz besonders wichtig.

3. Sie sollte so früh wie irgend möglich beginnen.

4. Sie muß auf das seelisch-geistige Entwicklungsalter abgestimmt sein, das beim geistig behinderten Kinde stets um mehrere Jahre unter seinem Lebensalter liegt.

5. Wichtiger für die Erziehung ist es, zu sehen, was das Kind kann, als was es nicht kann; denn bei den offengebliebenen Möglichkeiten muß die Erziehung ansetzen.

6. Es geht bei der Erziehung des geistig behinderten Kindes ebenso darum, ihm die Welt zu erschließen und ihm wirkliche Lebenserfülltheit zu ermöglichen, wie um die Anleitung zur Übernahme von Aufgaben und die Hinführung zu wirklicher Lebenstüchtigkeit.

II. Einzelne Erziehungsaufgaben

7. Selbständigkeit beim An- und Auskleiden, beim Essen und Trinken, bei der Körperpflege und beim Zurechtfinden in Haus und Umgebung geben dem Kind Sicherheit, Unabhängigkeit und Selbstvertrauen.

8. Ordentliches Benehmen, nette Umgangsformen, Rücksichtnahme und Hilfsbereitschaft erwerben dem geistig behinderten Kinde das lebensnotwendige Wohlwollen der Umgebung.

9. Anstelligkeit beim Aufräumen, bei der Raumpflege, bei der Küchenarbeit, bei Besorgungen und sonstigen kleinen Arbeiten des Alltags eröffnet dem geistig behinderten Kinde ein begründetes Selbstwertgefühl und verhilft ihm zur Eingliederung in die Gemeinschaft.

10. Die körperliche Beweglichkeit, Geschicklichkeit, Haltung und Ausdauer bedürfen täglicher Übung — möglichst in der frischen Luft; das geistig behinderte Kind soll seine Glieder gebrauchen lernen; trotz der gebotenen Vorsicht ist Verweichlichung zu vermeiden.

11. Auge, Ohr, Tast-, Geruchs- und Geschmackssinn bedürfen der regelmäßigen Schulung; vielfältige, als Spiel angebotene Gelegenheiten zum Erfassen, Unterscheiden und Verfolgen von Sinneseindrücken sind hierzu erforderlich.

12. Ausdrucksfähigkeit und Handgeschicklichkeit werden durch Bauen, Formen, Malen, durch Schneide-, Falt-, Web- und andere Arbeiten, durch Puppen- und Nachahmungsspiel, durch Singen und einfachstes Musizieren gefördert; von besonderer Wichtigkeit sind der seelisch-geistigen Entwicklungsstufe angemessenes Spielzeug und vielfältiges Beschäftigungsmaterial des täglichen Lebens.

13. Die Förderung des Sprachverständnisses und der Sprachfähigkeit ist für die geistige Entwicklung von entscheidender Bedeutung; das einfache Sprechen mit dem Kinde und die unermüdliche Anregung zum Sprechen sind hierbei ebenso wichtig wie spielhafte Zungen-, Lippen- und Stimmübungen.

14. Die Anbahnung der dem geistig behinderten Kinde möglichen Denkvollzüge bedarf der planmäßigen Einführung in das Gegenstands-, Regel- und Zeichenverständnis; jedoch ist eine Unterweisung im Lesen, Schreiben und Rechnen nur für einen kleinen Teil der Geistigbehinderten und erst nach entsprechenden Fortschritten in der seelisch-geistigen Gesamtentwicklung sinnvoll.

15. Die gemüthafte Teilhabe des geistig behinderten Kindes und seine religiöse Erziehung sind vor allem abhängig von seiner betonten Einbeziehung in das Erleben der Umwelt, von dem Mitteilen von Gemütsbewegungen, Wertungen, Einstellungen, von dem Vertrauen und der Zuwendung, die man ihm entgegenbringt.

16. Hinsichtlich der Geschlechtserziehung ist folgendes erforderlich: Verzicht auf eine ausführliche „Aufklärung", welche die wirklich vorhandenen Fragen überschreitet; Vermeidung von Handlungen (übertriebene Zärtlichkeiten, Streicheln, Küssen usw.), Gesprächen und sonstigen Einflüssen (bestimmte Filme, Fernsehsendungen usw.), die zu Erweckung und Anregung des Geschlechtstriebes angetan sind; Einführung unverfänglicher Zeichen gegenseitiger Zuneigung (Augenkontakt, Zunicken, Schulterklopfen, Worte); Verzicht auf Bedrohung und Strafe hinsichtlich der Onanie oder anderer unerwünschter sexueller Verhaltensweisen zugunsten positiver Maßnahmen; Erziehung zu Schamhaftigkeit von frühester Kindheit an („das tut man nicht!"); Sorge für ausreichende körperliche Auslastung durch Spiel, Arbeit, Sport; Beachtung maßvoller Mahlzeiten und Nachtruhe; Beaufsichtigung der Schul- und Berufswege sowie der Freizeitbeschäftigung; prin-

zipiell gelten für geistig behinderte Mädchen die für Jungen genannten Grundregeln; zusätzlich ist auf zurückhaltende Kleidung und auf ein rechtzeitiges Vertrautmachen mit den Gegebenheiten der Monatshygiene zu achten.

III. METHODEN

17. Die Erziehung des geistig behinderten Kindes muß sich auf sein Spiel-, Lern- und Arbeitstempo sowie auf seine Durchhaltefähigkeit einstellen; Hast und Überanstrengung sind zu vermeiden.

18. Ein Vorgehen in kleinsten Schritten und vom Leichten zum Schweren ist unerläßlich.

19. Die Anforderungen sind allmählich zu steigern.

20. Das geistig behinderte Kind soll nicht untätig sein; das notwendige Beschützen darf nicht zu einer Entbindung von allen Aufgaben führen.

21. Durchgängiges Erfassen mit vielen Sinnen und in praktischem Tun bilden den Hauptweg für die Erziehung des geistig behinderten Kindes.

22. Erlebnisnähe, Lustbetontheit, angemessene Abwechslung und Abschirmung gegenüber Ablenkungen vermögen die Erziehungsarbeit entscheidend zu fördern.

23. Intensive Anregung und Ansporn sind unentbehrlich.

24. Regelmäßigkeit im Tagesablauf sowie unermüdliche Übung und Wiederholung sind Grundbedingung für wirkliche Fortschritte.

25. Auch das geistig behinderte Kind kann gut oder unzweckmäßig erzogen sein; Gehemmtheit oder Hemmungslosigkeit sind keineswegs immer Zeichen der Behinderung selbst, sondern häufig Folge von Erziehungsbedrängung (Härte, leise Unausweichlichkeit oder Überbesorgtheit) oder von Erziehungsmangel (Verwöhnung, Resignation oder Inkonsequenz); bei vorliegender Gehemmtheit bedarf es vor allem der Lösung durch Aufhebung von Versagungen, Einengungen und Überforderungen, bei vorliegender Hemmungslosigkeit besonders der Bindung durch beharrliche Aufgaben- und Grenzbestimmungen.

26. Besser als Befehlen und Anweisungengeben ist Vormachen und Mitmachen, besser als Verbieten ist Anleiten zum Richtigmachen oder zu anderweitigem sinnvollem Tun.

27. Besser als Einhelfen und Nachhelfen ist das Stellen solcher Aufgaben, die besondere Hilfe entbehrlich machen; Hilfe sollte nur dort gegeben werden, wo sie unbedingt notwendig ist.

28. Überforderung und Angst lähmen ebenso wie Mangel an Anregung und Aufgaben das natürliche Lernbedürfnis und das Selbstwertgefühl des Kindes.

29. Oft ist sog. Fehlverhalten ein dem seelisch-geistigen Entwicklungs-alter des geistig behinderten Kindes völlig angemessenes Verhalten, das nur angesichts seines Lebensalters befremdlich erscheint, oder es ist Ausdruck dafür, daß die Gebote des Erziehers noch nicht voll ver-standen worden sind; in beiden Fällen ist Strafe fehl am Platze.

30. Besser als Strafen ist das Vermeiden von Fehlverhalten durch recht-zeitige Motivierung und Anleitung zu richtigem Tun, durch ange-messene Wegweisung oder Ersatzangebote und durch Verminderung kritischer Situationen im Tagesablauf.

31. Sofern das Kind aus den Folgen seines Tuns selber oder durch Wieder-gutmachung hinreichende Erfahrungen sammeln kann, bedarf es kei-ner zusätzlichen Strafe.

32. Durch Strafen wird das Beziehungsverhältnis zwischen Kind und Er-zieher häufig folgenschwer gestört; die körperliche Strafe, das Ein-sperren, die Strafarbeit und der Essensentzug bringen zusätzliche Ge-fahren gerade für das geistig behinderte Kind mit sich und sind daher abzulehnen; Strafe darf allenfalls zur Grenzmarkierung oder zur Ver-stärkung unzureichend vorhandener „Einsicht" in der Form von zeitlich begrenzter Zuwendungsverringerung, Aufgabenentzug oder Gemein-schaftsentzug erfolgen, sofern keine positiven Möglichkeiten zu dem Zwecke mehr zur Verfügung stehen.

IV. ERZIEHERHALTUNG

33. Aufgeschlossenheit und Verständns des Erziehers für das geistig be-hinderte Kind sind die Voraussetzung aller erzieherischen Einwirkung.

34. Bestimmtheit des Erziehers gibt dem Kinde klare Orientierung und Sicherheit, die ihm sinnvolle Einordnung und Arbeit ermöglicht.

35. Verläßlichkeit und Konsequenz des Erziehers schaffen das für die Erziehung notwendige Vertrauen des Kindes.

36. Zuversichtlichkeit, Vertrauen zum Kinde und entsprechende Ermuti-gung, die sich auf die wirklich schaffbaren Schritte erstreckt, ermög-lichen dem Kinde das für weiteres Fortschreiten erforderliche Selbst-vertrauen. Nörgelei oder Prophezeiungen von Minderleistungen da-gegen lähmen die Entwicklung.

37. Zufriedenheit über jede Leistung, die dem Können des Kindes entspricht, d. h. Anerkennung auch für den kleinsten Fortschritt, schafft das Selbstwertgefühl, das zu weiteren Leistungen beflügelt.

V. Anderweitige Betreuung

38. Sorgfältige Beaufsichtigung und Behütung vor schädlichen körperlichen Einflüssen sind unerläßlich; auch Nachbarn sollten zu entsprechender Mithilfe ermuntert werden.

39. Bei körperlichen Auffälligkeiten sollte umgehend der Arzt aufgesucht werden.

40. Angesichts der Schwierigkeit der Erziehung des geistig behinderten Kindes ist eine vorsorgliche Inanspruchnahme fachkundiger Erziehungsberatung und die rechtzeitige Anmeldung bei speziellen Erziehungseinrichtungen von besonderer Bedeutung.

5. Zur Geschwistersituation

Etwa vom 3., 4. Lebensjahr des geistig behinderten Kindes an ist es seinen älteren und z. T. auch schon den jüngeren Geschwistern mehr als deutlich geworden, daß sie ihm gegenüber benachteiligt sind: Sie dürfen keineswegs so unsauber essen, so viel Schmutz machen, so viel Hilfe beanspruchen. Oft dürfen sie wegen ihres behinderten Geschwisters, dem gegenüber sie immer lieb sein sollen und sich kaum verteidigen dürfen, nicht einmal Spielgefährten einladen, müssen vermehrt helfen, aufpassen, einhüten.

In der Tat: Bei geistig behinderten Kindern dauert das strapaziöse Alter, in dem pausenlos Aufsicht und Pflege erforderlich sind, nicht ein, zwei, drei, sondern vier, fünf und mehr Jahre, so daß namentlich die Mutter allein physisch stark belastet ist.

So ist es also nur zu verständlich, daß von den Geschwistern umfängliche *Mithilfe* erwartet und verlangt wird, die zumindest subjektiv in der Regel als Benachteiligung und *Überforderung* empfunden wird, häufig aber auch objektiv so zu nennen ist.[91])

Jedenfalls handelt es sich hier im allgemeinen um eine Belastung der Geschwister, die in der Beeinträchtigung bestimmter Entwicklungsmöglichkeiten besteht — insbesondere durch häufig zu beobachtende vorzeitige Einschränkung der Spielmöglichkeiten und die Erziehung zu einer Art *Übervernünftigkeit* sowie durch die *Einengung des Sozialkontaktes* zu Altersgenossen („Wir bleiben lieber unter uns!"), was leicht zu einer Verringerung der persönlichen Entwicklungs- und der Sozialchancen führt. Nicht zuletzt aber entstehen durch die genannten Erziehungstendenzen häufig *emotionale Belastungen* des Verhältnisses zu den Eltern und zum behinderten Geschwister, welche von bedenklichen Folgen für das ganze weitere Leben aller Seiten sein können.

Die verständlichen *Reaktionen der Geschwister* reichen hier von leiser Resignation über die Durchsetzung eigener Zuwendungsansprüche durch Demonstration eigener Pflegebedürftigkeit in Form von unbewußt entstehenden Krankheiten und Gebrechlichkeiten verschiedener Art bis zu massiven Trotz- und Aggressionshaltungen.

Eine Überbürdung durch das von den Eltern gar abgenötigte Versprechen, lebenslang für das behinderte Geschwister zu sorgen, führt verständlicherweise oft zu einer direkten Ablehnung gegenüber dem Behinderten, mitunter jedoch auch zu einer problematischen Aufopferung des eigentlichen Eigenlebens eines Geschwisters.

Angesichts dieser Gefahren ist es von großer Wichtigkeit, den Geschwistern des behinderten Kindes, die ohnehin am Schicksal der Familie mitzutragen haben und mittragen müssen, also nicht auszuklammern sind von einem gewissen Maß an Belastung, jedoch so weit als möglich Entschädigung zu gewähren, *ausreichende Freizeit* und die Möglichkeit, *Altersgenossen* einzuladen, um ihnen die Eroberung eines angemessenen Platzes in der Gemeinschaft zu erleichtern und emotionale Spannungen zu Eltern und behindertem Geschwister zu ersparen; dann wird ihr behindertes Geschwister nicht nur abgelehnte Last für sie sein, sondern eine Dimension des Wir eröffnen, die auf Außenstehende geradezu faszinierend wirken kann, wenn sie sehen, wie das nicht behinderte Kind zugewandter Lehrer und Beschützer seines behinderten Geschwisters ist, es einbezieht in den fröhlichen Spielkreis, aber auch für sich und mit seinen anderen Freunden sein kann, weil *das behinderte Geschwister* von früh auf gelernt hat, daß es *nicht Zentrum des ganzen Familienlebens* ist.

VII. Heilpädagogische Untersuchung des geistig behinderten Kindes

1. Aufgaben und Probleme der heilpädagogischen Aufnahmeuntersuchung

Nur selten ergibt sich die Entscheidung gleichsam von selbst, ob ein geistig behindertes Kind in eine Erziehungseinrichtung (Sonderkindergarten, Sonderschule für Geistigbehinderte usw.) aufgenommen werden soll oder nicht, ob ihm in dieser oder jener Einrichtung besser gedient sei, welche Stufe der Erziehungsstätte in Frage kommt oder welche Haupterziehungsaufgaben sich für die nächste Zeit stellen.

In der Praxis läßt man es oft einfach auf den Versuch ankommen und nimmt probeweise auf. Ganz wird dieses Verfahren angesichts der umfänglichen *diagnostischen Schwierigkeiten* bei geistig behinderten Kindern nie zu vermeiden sein, abgesehen von der grundsätzlichen diagnostischen Bedeutung des Erziehungsversuchs im Bereiche der Behindertenpädagogik; denn die Möglichkeiten eines Kindes werden zumeist nur dann sichtbar, wenn sie gepflegt und wenn ihnen durch Erziehung hinreichende Chancen geboten wurden, was bei behinderten Kindern oft lange Zeit in mehr oder minder großem Umfange versäumt zu werden pflegt. So zeigen sich ihre eigentlichen Möglichkeiten eben häufig erst, nachdem man sich erzieherisch entsprechend um sie bemüht hat.

Trotzdem: In vielen Fällen könnte man Fehlaufnahmen und Fehleinstufungen und damit verbundene Mißhelligkeiten für das Kind wie auch für die betreffende Erziehungseinrichtung und die anderen Kinder vermeiden, Umwege, Störungen und unnötige Zeitversäumnisse ersparen, wenn bereits für Aufnahmeentscheidungen einigermaßen bündige Untersuchungsbefunde zur Verfügung stünden.

Zumeist liegt lediglich eine ärztliche Untersuchung vor, die den körperlichen Zustand und das Erscheinungsbild kennzeichnet, besondere Symptome und die festgestellten oder vermuteten Ursachen der Gesamtverfassung nennt sowie prognostische Aussagen hinsichtlich der Entwicklungsmöglichkeiten hinzufügt, die sich zumeist neben dem körperlichen auch auf den seelisch-geistigen Bereich erstrecken und auf Erfahrungssätzen oder Lehrmeinungen fußen.

Die Bedeutung einer gründlichen ärztlichen Untersuchung nicht nur für die Entscheidung über eine Aufnahme sondern auch für eine Reihe erzieherischer Erwägungen bedarf keiner besonderen Hervorhebung. Da es sich um die Feststellung fundamentaler Sachverhalte handelt, sollte die *medizinische Untersuchung zeitlich an erster Stelle* stehen.

Nicht minder wichtig ist es jedoch, daß der ärztlichen eine heilpädagogische Untersuchung folgt; denn aus dem körperlichen Zustand bzw. dem Erscheinungsbild läßt sich ebensowenig wie aus der organischen Ursache die Erziehbarkeit und die Erziehungsbedürftigkeit des betreffenden Kindes hinreichend schlüssig und umfänglich ableiten und begründen. Es besteht vielmehr die Gefahr, daß in der allzu sicheren Überzeugung einer festen Beziehung zwischen objektivem körperlichem Sachverhalt und erzieherischen Möglichkeiten unter Berufung auf eine ungeprüfte „allgemeine Erfahrung" illusionär oder resignierend, überfordernd oder verwöhnend die wirklich vorhandenen Erziehungsmöglichkeiten überschätzt oder verkannt werden und daß statt vermeintlich bloßer Feststellungen gravierende Festlegungen getroffen werden, deren Auswirkung dann freilich die „allgemeine Erfahrung" nur bestätigt.

Darum ist *neben der medizinisch orientierten* eine Untersuchung unerläßlich, die sich angemessener Sicht- und Erfahrensweisen bedient, um die *heilpädagogisch* bedeutsamen Sachverhalte hinreichend fundiert und prägnant zutage zu fördern.

Bei der Suche nach einer angemessenen Methode für eine solche Untersuchung richtet sich der Blick verständlicherweise zunächst auf die Intelligenztests, die sich aus den *Binet*schen Staffelproben entwickelt haben, deren ursprünglicher Zweck — die Erfassung zurückgebliebener, vorwiegend hilfsschulbedürftiger, d. h. lernbehinderter Kinder — wenigstens zu einem guten Teil in der hier verfolgten Richtung liegt.[92]

Bei genauerem Hinsehen stellt sich jedoch heraus, daß die Intelligenztests in den vorhandenen Formen den geistig behinderten Kindern in verschiedener Hinsicht nicht gerecht werden können.

Diesem Mangel entsprechend hat *Bondy* umfängliche Arbeiten eingeleitet mit dem Ziel, „eine Kombination von Tests zu entwickeln, die es erlaubt, die Ausprägung verschiedener Persönlichkeitsmerkmale objektiv, zuverlässig und gültig bei schwachsinnigen Kindern zu erfassen" und damit „eine notwendige Voraussetzung für eine Einteilung der Kinder in Gruppen und für eine gute Betreuung und Förderung"[93] zu schaffen.[94]

Angesichts des erforderlichen Zeit- und Personalaufwandes, den derartig gründliche Untersuchungsverfahren zwangsläufig beanspruchen, scheint eine *einfach und rasch durchzuführende, verläßliche, wenn auch weniger differenzierte und nur vorläufige Ergebnisse liefernde Untersuchungsmethode* durchaus wünschenswert.

Das in diese Richtung zielende Schnell- und Vorsichtungsverfahren, das in Folgendem vorgelegt wird, will kein genaues Intelligenz- oder Ent-

wicklungsalter und keinen präzisen Intelligenz- und Entwicklungsquoti-
enten ermitteln, sondern begnügt sich bewußt mit einem „Ungefähr", d. h.
mit der Angabe einer gehörigen Spielraumbreite, innerhalb derer sich die
seelisch-geistige Entwicklung des Betreffenden etwa bewegt. Abgesehen
von der Frage, ob eine derartige Zurückhaltung angesichts einer in aller
Regel noch kaum oder weitgehend unzweckmäßig erzogenen Personengruppe
nicht grundsätzlich am Platze sei, ist eine genaue Bemessung der seelisch-
geistigen Entwicklung zumindest für den Zweck der Aufnahme und Einstufung in Erziehungseinrichtungen kaum vonnöten, da diese Einrichtungen
im allgemeinen weit weniger durch die äußere Differenzierung (Bildung
vieler selbständiger Gruppen nach Entwicklungsstufen) als vielmehr durch
die innere Differenzierung (Bildung von Stufen innerhalb der einzelnen
Gruppen) charakterisiert sind und sein werden.

Ebensowenig wie eine präzise Rangangabe soll mit dem hier vorgelegten Untersuchungsverfahren ein Gesamtbild der Persönlichkeit erzielt werden, sondern lediglich eine Skizze, die sich auf die für Aufnahme und Einstufung entscheidenden Kriterien und auf fundamentale Erziehungsgegeben-
heiten beschränkt; denn die Erfassung von Persönlichkeitsbezügen in einer für
die Erziehungsarbeit hinreichenden Breite und Konkretheit beansprucht nicht
nur ein beträchtliches Maß an Zeit, sondern dürfte auch für den Zweck einer
Aufnahme- und Einstufungsuntersuchung kaum erforderlich sein.

Es genügt vielmehr, zunächst zu überprüfen, ob die als unerläßlich anzu-
sehenden *Minimalvoraussetzungen* für die betreffenden Einrichtungen bzw.
Stufen erfüllt sind. Da es sich primär um Aufnahme- und nicht um Ableh-
nungsnutersuchungen handelt, kann sich der Blick also auf die jeweils untere
Grenze konzentrieren.

Da nun die Feststellung selbst von Minimalvoraussetzungen ebenso wie
die vorsichtigste Kennzeichnung eines seelisch-geistigen Entwicklungsstandes
einen bestimmten Maßstab voraussetzt, empfiehlt es sich hier, trotz aller
Abweichungen die seelisch-geistige Situation des geistig behinderten Kindes
in *Bezug zu frühkindlichen Entwicklungsstufen des geistig* nicht *behinderten
Kindes* zu setzen und dessen Entwicklung als Orientierungsgrundlage zu
wählen.[95])

Demgemäß wäre also ebenso von dem ungefähren Entwicklungsstand
eines geistig behinderten Kindes zu sprechen wie von dem Entwicklungsstand, dessen pädagogischer Aufgabenstellung eine bestimmte Form oder
Stufe einer Erziehungseinrichtung für geistig behinderte Kinder vornehmlich
dient — mehr oder minder unabhängig von dem jeweils vorliegenden Lebensalter.

So ergibt sich in den einzelnen Stufen die bereits in anderem Zusammenhang genannte starke lebensalter- und entwicklungsmäßige Streuung:

	Lebensalter	Entwicklungsstand etwa
Sonderkindergarten	4— 6 J.	1¹/₂—3 J.
Vorstufe der Sonderschule Unterstufe der Sonderschule	6—12 J.	2¹/₂—4¹/₂ J.
Mittelstufe der Sonderschule	8—15 J.	4 —6 J.
Oberstufe der Sonderschule	12—15 J.	5¹/₂—8 J.
Abschlußstufe der Sonderschule	15—18 J.	7 —9 J.

Neben der Ermittlung des ungefähren seelisch-geistigen Entwicklungsstandes des geistig behinderten Kindes will jedoch die *Erfassung speziell seiner charakterlichen Haltung* und seiner *erzieherischen Umwelt* namentlich in Zweifelsfällen wesentlich bedeutsamer für Aufnahme und Einstufung wie für die Prognostik überhaupt erscheinen als dies vergleichbare Untersuchungsverfahren im allgemeinen zum Tragen kommen lassen; denn erst bei wenigstens überschlägiger Kenntnis dieser Gegebenheiten läßt sich abschätzen, ob der ermittelte seelisch-geistige Entwicklungsstand mehr an der oberen oder näher der unteren Grenze des vermutlich Möglichen liegt, d. h. ob z. B. durch Fehlerziehung oder durch Erziehungsmangel bzw. sonstige Beeinträchtigungen an und für sich vorhandene Möglichkeiten verschüttet oder vernachlässigt wurden.[96])

Mit anderen Worten: Der seelisch-geistige Entwicklungsstand ist also neben der charakterlichen Haltung, dem Lebensalter, der körperlichen Verfassung und der erzieherischen Umwelt nur einer der Hauptfaktoren, die bei der Aufnahme und Einstufung eines geistig behinderten Kindes in eine Erziehungseinrichtung zu berücksichtigen sind.

Daß im Rahmen einer Aufnahmeuntersuchung sowohl die charakterliche Haltung als auch die erzieherische Umwelt lediglich stichprobenartig erfaßt und nur sehr vorläufig und grob gesichtet werden können, liegt auf der Hand.

Im allgemeinen bedient sich das hier vorliegende Untersuchungsverfahren der gesprächsweise an den häuslichen Erzieher gestellten Fragen, die durch eigene Beobachtungen des Untersuchers ergänzt werden.

Allein wegen des Umstandes, daß vorerst heilpädagogisch vorgebildete Kräfte keineswegs in annähernd hinreichendem Maße zur Verfügung stehen und daß die erforderliche heilpädagogische Untersuchung also teilweise von nicht speziell ausgebildeten Mitarbeitern durchgeführt werden muß, wurde der *Raum für subjektive Beurteilungen seitens des Untersuchers so stark wie möglich eingeschränkt*[97]) — zugunsten einer weitgehend normierten, sachlichen Staffelung möglicher Befunde. Dies und die Beschränkung auf die einfache Kennzeichnung der am ehesten zutreffenden Antwortmöglichkeiten erlaubt zugleich eine rasche und sachgerechte Auswertung, ohne daß hierzu Spezialkenntnisse erforderlich wären.

Die überwiegend positive Formulierung der angebotenen Aussagen über die seelisch-geistige Entwicklung wird bevorzugt, weil sie die emotionale Einstellung zum behinderten Kinde günstig beeinflußt und zudem pädagogische Ansatzpunkte für die praktische Arbeit zur Hand gibt.

Manche Fragen, die an und für sich wichtig und interessant wären, mußten und durften jedoch zurückstehen bei der Erstellung eines Erstsichtungsverfahrens, das auch für den nicht speziell gerüsteten Mitarbeiter praktikabel, d. h. schnell, einfach, übersichtlich, sicher, ohne besonderes Gerät und ohne spezielle Vorbereitung durchzuführen sein sollte.

Das Untersuchungsverfahren gliedert sich in drei Teile, wobei namentlich im 1. Teil vielfältige Anregungen, insbesondere von *H. Hetzer, A. Gesell* und *E. A. Doll,* dankbar benutzt wurden[98]):

I. ENTWICKLUNGSSTAND DES KINDES
Bericht der häuslichen Erzieher
Beobachtungen des Untersuchers

II. ERZIEHERISCHE UMWELT
Erziehungsbedingungen
Spezielle Erziehungsbemühungen
Erziehungshaltung der Haupterzieher

III. ERZIEHUNGSPLAN UND ELTERNBERATUNGSPLAN
Ergänzend sind verkleinerte Muster eines PERSONALBOGENS und eines Formblattes für ÄRZTLICHE HINWEISE für den Erzieher abgedruckt.[99])

2. Aufnahmeuntersuchungsbogen, Anleitung, Personalbogen, Arzthinweisbogen*).

*) Sämtliche auf den folgenden Seiten abgedruckten Bogen sind in Originalgröße (DIN A 4) beim Verlag zu beziehen.

Name, Vorname .... geb. ....

Heilpädagogische Aufnahmeuntersuchung

am .... durch ....

Auskünfte von (Mutter bzw. Vater usw.) ....

I. ENTWICKLUNGSSTAND DES KINDES

	I	II	III	IV	V
Bericht der häuslichen Erzieher					

1. Zusammenspiel mit Kindern:

	I	II	III	IV	V
I Kein Zusammenspiel, nur Flucht oder Angriff					
II Nebeneinanderspiel unter Aufsicht möglich					
III Gelegentliches Miteinanderspiel, Teilenkönnen					
IV Gemeinsames Spiel (Nachlaufen, Verstecken etc.)					
V Dauerhaftere Freundschaften					

2. Aufsichtsbedarf:

	I	II	III	IV	V
I Erzieher muß ständig anwesend sein					
II Erzieher kann nur gelegentlich für 1 Min. den Raum verlassen					
III Erzieher kann öfter für mehrere Minuten den Raum verlassen					
IV Erzieher braucht nur gelegentlich nach dem Kind zu sehen					
V Erzieher braucht kaum noch direkt zu beaufsichtigen					

3. Sauberkeit:

	I	II	III	IV	V
I tagsüber öfter unsauber					
II bei regelmäßiger Aufforderung tagsüber allg. trocken					
III meldet sich im allg. rechtzeitig allein					
IV geht allein zur Toilette, nur gelegentlich Hilfe nötig					
V geht allein ohne jede Hilfe zur Toilette					

4. Essen:

	I	II	III	IV	V
I muß gefüttert werden					
II ißt allein mit Löffel, trinkt aus Glas					
III ißt mit Gabel und faßt Tasse am Henkel an					
IV streicht sich Brot selber					
V bedient sich beim Essen völlig allein					

5. Orientierung:

	I	II	III	IV	V
I verläßt das Zimmer nicht allein					
II findet sich in der Wohnung zurecht					
III kann allein vor das Haus zum Spielen gehen					
IV findet sich in der Nachbarschaft zurecht					
V kann belebtere Straßen allein überqueren					

6. Verhalten gegenüber Eltern und Bekannten:

A zugewandt
B distanzlos oder herausfordernd
C ängstlich oder gefügig

7. Besondere Fähigkeiten oder Fertigkeiten: ....
D Lieblingsbeschäftigungen: ....

8. Besondere Auffälligkeiten, auch vorübergehende Störungen:

E Schaukelbewegungen	Selbstbeschädigung	Kaspern
Fingerlutschen	Trotz	Fremdeln
Starke Unruhe	Bequemlichkeit	Onanie
Zerstörungslust	Unordentlichkeit	Angst
Aggressivität	Unberechenbarkeit	....

110

	I	II	III	IV	V

Beobachtungen des Untersuchers

9. *An- und Auskleiden:*
   I   muß ganz an- und ausgezogen werden
   II kann die geöffnete Jacke selber an- und ausziehen
   III kann die Jacke allein an- und ausziehen (mit Knöpfen)
   IV kann sich im wesentlichen allein an- und ausziehen
        (auch Mütze, Reißverschluß usw.)
   V   kann sich perfekt an- und ausziehen (auch Schleifen)

10. *Aufgabenerfassung und -erledigung:*
   I   ist für einfache Aufgaben nicht ansprechbar
   II bringt gemäß Aufforderung Kästchen vom Tisch
        zum Untersucher
   III baut auf Aufforderung einen Turm aus Legosteinen
   IV bringt gem. Aufforderung zwei Dinge an versch. Stellen
   V   räumt gem. Aufforderung Legosteine in Kästchen und
        stellt dies in bestimmtes Fach, das zuvor geöffnet wer-
        den muß

11. *Ausdauer: (Spiel mit Legosteinen)*
   I   bleibt keine 2 Minuten beim Spiel
   II kann sich 5 Minuten beschäftigen
   III kann sich 10 Minuten beschäftigen
   IV kann sich über 15 Minuten beschäftigen
   V   kann sich über 30 Minuten beschäftigen

12. *Fortbewegung:*
   I   kann nur mit fremder Hilfe gehen
   II geht allein die Treppe hinauf
   III steigt stufenweise allein die Treppe hinunter
   IV geht die Treppe zügig hinauf und hinunter
        (mit Geländerbenutzung)
   V   geht die Treppe zügig hinauf und hinunter (ohne Ge-
        länderbenutzung)

13. *Verständnis:*
   I   versteht einfache Gesten nicht (Handreichen, Heran-
        winken)
   II erkennt einfache realistische Bilder
   III erkennt ein Schemabild (Haus, Baum: schwarz-weiß)
   IV kann einfache Bilder aus 4 vermischten Bildhälften zu-
        sammensetzen
   V   erkennt Verkehrtheiten auf Bildern (fehlendes Tisch-
        bein usw.)

14. *Aufgabenbereitschaft:*
   A   willig, lenkbar, ansprechbar, eifrig
   B   ablehnend, widersetzlich oder gleichgültig, bequem
   C   gefügig, überbrav oder verzagt

15. *Kontaktbereitschaft:*
   A   zugewandt, aufnahmebereit
   B   herausfordernd oder distanzlos, zudringlich
   C   ängstlich, verschlossen

II. Erzieherische Umwelt

1. *Erziehungsbedingungen:*

D Familie ist vollständig

E Familie ist nicht vollständig (Eltern gest., gesch., getr.

lebend, led. Mutter)

D Eltern verstehen sich gut

E Eltern leben in Spannung, Scheidung

Kind lebt außerhalb der Familie

wo: ....

Geschwister: (Vorname, Alter): ....

....

D Einstellung der Geschw. zu dem Kind ist zugewandt

E Einstellung der Geschw. zu dem Kind ist ablehnend

E Mutter berufstätig / Tägliche Rückkehr ....

D Kind ist sich nicht selbst überlassen

E Kind ist sich häufig selbst überlassen

täglich von .... bis ....

D Vater beteiligt sich sinnvoll an der Erziehung

E Vater beteiligt sich nicht sinnvoll an der Erziehung

Wer beaufsichtigt das Kind hauptsächlich?

....

Wem ist das Kind am meisten zugetan?

....

D Wer wirkt ansonsten positiv auf das Kind ein?

....

E Wer wirkt ansonsten negativ auf das Kind ein?

....

D Nachbarschaft verhält sich zugewandt zum Kind

E Nachbarschaft verhält sich ablehnend zum Kind

D Wohnung gut, ausreichend

E Wohnung mangelhaft

D Umgebung angenehm (Auslauf, Spielplatz usw.)

E Umgebung unerfreulich

2. *Besonderer Unterricht:*
   Kindergarten, Sprachunterricht, Gymnastikunterricht,
   Lese- und Schreibunterricht
   Was   wo   wann

   ....

   ....

   D Sinnvoller Unterricht
   E fehlender oder unzweckmäßiger Unterricht

3. *Besonders geübt wurde zu Hause:*

   ....

4. *Beschäftigung der häuslichen Erzieher mit dem Kind*
   (spielen, erzählen, singen, basteln, Spaziergang, Spazierfahrt)
   was?   wie oft?

   ....

   D sinnvolle Beschäftigung
   E nicht sinnvolle oder keine Beschäftigung

5. *Welches Spielzeug hat das Kind?*

   ....

   D ausreichend, entwicklungsgemäß
   E unzweckmäßig

6. *Erzieherische Maßnahmen bei besonderen Unarten des Kindes*
   E Entzug von Speisen, Einsperren, Strafarbeit, Drohungen, Schimpfen, Klapse, Schläge, Nichtbeachtung
   D Sonstiges ....

7. *Was hoffen die Eltern erzieherisch erreichen zu können?*

   ....

8. *Beobachtete Erzieherhaltung gegenüber dem Kind (Haupterzieher):*

   ....

   A Verständnis, Geduld, Anerkennung
   B Resignation, Verweichlichung, Hilflosigkeit, Inkonsequenz, Nörgeln, Gleichgültigkeit
   C Härte, Übertreibung, Ungeduld, Zwang, Überbesorgtheit

9. *Beobachtete Erzieherhaltung (Nebenerzieher):* ....
   A Verständnis, Geduld, Anerkennung
   B Resignation, Verweichlichung, Hilflosigkeit, Inkonsequenz, Nörgeln, Gleichgültigkeit
   C Härte, Übertreibung, Ungeduld, Zwang, Überbesorgtheit

III. Erziehungsplan
(und Elternberatungsplan)

1. *Vorgeschlagene Erziehungseinrichtung:*
   a) Erziehungsberatung
   b) Ambulante Erziehung
   c) Sonderkindergarten
   d) Vorstufe der Sonderschule für Geistigbehinderte
   e) Unterstufe der Sonderschule für Geistigbehinderte
   f) Mittelstufe der Sonderschule für Geistigbehinderte
   g) Abschlußstufe der Sonderschule für Geistigbehinderte
   h) Beschützende Werkstatt
   i) Sonderschule für Lernbehinderte
   j) Sonstige Einrichtung: ....
   k) Weitere Abklärung: ....

2. *Besondere Stärken und Entwicklungsmöglichkeiten des Kindes:*

3. *Seelisch-geistiger Entwicklungsstand des Kindes:*

4. *Vermutliche Grenzen der Entwicklung:*

5. *Entwicklungsmäßiges Spiel, Spielzeug, Lernen, häusliche Pflichten des Kindes usw.* vgl. I 1—13, II 2—5):

6. *Erforderliche Haltungsumstellungen bzw. Korrektur von Maßnahmen beim Erzieher* (vgl. II 6—9, I 6, 8, 14, 15):

7. *Erforderliche Einstellungsänderungen der Eltern gegenüber der Umgebung:*

8. *Erforderliche Änderungen der Erziehungsbedingungen* (Geschwister, Berufstätigkeit der Mutter, Miterzieher usw. vgl. II 1):

9. *Weitere Hilfsmöglichkeiten und entsprechende Einrichtungen* (Ämter, Verbände usw.):

10. *Literaturhinweise:*

11. *Sonstiges:*

12. *Beratung*

Datum	Ratsuchender	Rat	Berater

(Name d. Einrichtung)   Kartei-Nr.:   (Name)

PERSONALBOGEN

1. Personalien des Kindes:
Name, Vorname: ....
Geboren am: ....in: ....   Lichtbild
Staatsangeh.: ....Konfess.: ....
Wohnung: ....
Zu erreichen (Tel.) ....   Datum der Aufnahme:

2. Vater: **3. Mutter:**
Name, Vorname: ....   Name, Vorname: ....
Geb.-Dat. u. Ort: ....   Geb.-Dat. u. Ort: ....
Beruf, Firma: ....   Beruf, Firma: ....

4. Geschwister:
Vorname, Geb.-Dat., Schule/Beruf ....

5. Vormund: Name, Vorname, Wohnung, Beruf/Firma ....

6. Familiensituation (Stiefeltern usw.): ....

7. Vorbetreuung:
Behandelnde Ärzte: Name: ....Anschrift: ....Tel.: ....
                   Name: ....Anschrift: ....Tel.: ....

Versicherung: ....
Betreuende Behörden (Sozialamt usw.): ....
Heilpäd.)   durch: ....von: ....bis: ....
Betreuung)   durch: ....von: ....bis: ....
Gemeldet durch: ....am: ....
Med. Erstuntersuchg. durch: ....am: ....
Med. Spezialuntersuchg. durch: ....am: ....
Heilpäd. Erstuntersuchg. durch: ....am: ....
Sonst. Untersuchg. durch: ....am: ....
Zurückstellung vom Schulbesuch bzw. Ausschulung usw. (Ort, Behörde, Datum):
....

Besuch sonst. Einrichtungen (Kindergarten, Schule, Heim, Anstalt usw.)
....................von: ....bis: ....
....................von: ....bis: ....
....................von: ....bis: ....
....................von: ....bis: ....

8. Diagnose:
Art der geist. Behinderung: ....
Grad d. geist. Behinderung: ....
Ursachen: ....
Zusätzl. körperl. Störungen (einschließl. Sinnes- u. Sprachschäden): ....
Bes. wichtige ärztliche Hinweise: ....
Bes. Verhaltensstörungen: ....
Erziehungsbedingungen: ....
Einstufung: ....

9. Maßnahmen:
Aufgenommen am: ....Beginn d. Schulpflicht: ....

Datum	Gruppe	Erzieher	Datum	Gruppe	Erzieher
....	....	....	....	....	....
....	....	....	....	....	....

Andere Maßnahmen: ....
Bericht an: ....am: ....durch: ....
Bericht an: ....am: ....durch: ....
Abgeschlossen am: ....mit: ....
Sonstiges: ....

*) Ergänzungen umseitig

Raum für weitere Eintragungen:

(auf der Vorderseite jeweils vermerken:*))

Die Personalakten einschließlich der medizinischen und heilpädagogischen Untersuchungsbefunde und Hinweise sind stets so zu verwahren, daß kein Außenstehender Einblick in sie erhalten kann. Über ihren Inhalt ist strenge Verschwiegenheit zu wahren. Eine Unterrichtung der beteiligten Fachkräfte über Untersuchungsergebnisse, die für die Arbeit von Bedeutung sind, bedarf der Einwilligung der Erziehungsberechtigten:

Ich bin damit einverstanden, daß die an der Betreuung meines Kindes beteiligten Fachkräfte über die heilpädagogischen und medizinischen Untersuchungsergebnisse unterrichtet werden, soweit dies für die Arbeit erforderlich ist.

Ort, Datum

Unterschrift des
Erziehungsberechtigten

116

Name, Vorname ....

geb. ....

am .... durch ....

Ärztliche Hinweise für den Erzieher

Diese Hinweise sind vom Arzte bei der Aufnahme festzuhalten, laufend zu ergänzen und halbjährlich insgesamt zu überprüfen.
Besondere Beobachtungen des Erziehers über körperliche Veränderungen sind dem Arzte umgehend zu melden.

Allgemeines:

Besonderes:

Organ	Schaden	Gefahr	Maßnahmen (Schonung, Übung, Pflege, Hilfsmittel)
1. Auge			
2. Ohr			
3. Sprechwerkzeuge			
4. Gleichgewichtssinn			
5. Gehirnorg. Schäden einschl. Entzündungsnarben, Epilepsie usw.			
6. Herz			
7. Verdauungsorgane			
8. Drüsen			
9. Stütz- u. Bewegungsapp., Haltung, Beine, Füße, Arme, Hände			
10. Mißbildungen			
11. Narben			
12. allg. Gesundheitszustand			
13. häufige Erkrankungen			
Sonstiges			

Anleitung zur heilpädagogischen Aufnahmeuntersuchung

1. Durchführung

Zur heilpädagogischen Aufnahmeuntersuchung wird zweckmäßigerweise das Kind mit der Haupterziehungsperson (Mutter usw.) und nach Möglichkeit eine weitere Vertrauensperson des Kindes (zur Beaufsichtigung) bestellt. Die Erhebungen werden in Form eines zwanglosen Gespräches vorgenommen. Die Antworten der Erzieher sind sachlich zur Kenntnis zu nehmen — und nicht mit Äußerungen der Zustimmung, des Erstaunens, der Belehrung usw. zu belegen.

Bei dem Gespräch mit dem Erzieher sollte das Kind nach Möglichkeit nicht anwesend sein.

Um Untersuchungsfehler zu vermeiden, sollte das Ergebnis der ärztlichen Überprüfung (insbesondere von Auge, Ohr und augenblicklichem Gesundheitszustand) schon vorliegen.

Die mit I., II., III., IV., V. gekennzeichneten Fragen bzw. Beobachtungen sind nach Entwicklungsstufen geordnet, wobei I die unterste Stufe bedeutet.

Es soll jeweils nur die höchste zutreffende Antwort hervorgehoben werden (also z. B. nicht II wenn III noch zutrifft). Man beginnt stets mit II; fällt die Antwort negativ aus, ist im allgemeinen I automatisch hervorzuheben. (Eintragung der Ziffer in die betr. Spalte)

Die mit A, B, C bezeichneten Fragen betreffen die charakterliche Seite, wobei A Unauffälligkeit bedeutet, B (Hemmungslosigkeit) und C (Gehemmtheit) dagegen Grundrichtungen häufiger Fehlentwicklungen. Es sollte jeweils nur A oder B oder C (durch Kreis ◯) hervorgehoben werden — je nachdem, was im vorliegenden Falle am ehesten zutrifft.

Die mit D bzw. E bezeichneten Fragen betreffen erziehungsfördernde bzw. erziehungserschwerende Umstände.

Je nach Sachlage ist D oder E (durch Kreis ◯) oder keines von beiden zu kennzeichnen. Bei Fragen, die mit Fragezeichen versehen sind oder hinter denen Antwortzeilen freigelassen sind, ist die Antwort stichworthaltig zu vermerken.

Bei der Erstuntersuchung offengebliebene Fragen sollen alsbald nachgetragen werden.

Um für die Erziehungsarbeit ein hinreichend genaues Bild von der seelisch-geistigen Entwicklung eines Kindes und von seiner häuslichen Erziehungssituation zu erhalten, sind die Angaben der Erstuntersuchung durch die Beobachtungen, die sich im erzieherischen Umgang ergeben, in der Folgezeit zu ergänzen.

2. Auswertung

Der ungefähre Entwicklungsstand ergibt sich aus den Feststellungen I 1—5 und 9—13; ausschlaggebend für die Einordnung ist in der Regel die Stufe, die das Kind in der Mehrzahl der Gebiete erreicht hat. Einzelne Entwicklungsspitzen bleiben dabei unberücksichtigt.

Beispiel: III., IV., III., III., V., III., II., II., III., II. = Stufe III. Wird jedoch auf mehr als drei Gebieten eine Stufe nicht erreicht, so kommt im allgemeinen die nächstniedrigere Stufe in Betracht. Das gilt insbesondere für das Nichterreichen der Stufe II. Allerdings ist bei der Einordnung stets das Gewicht der jeweiligen Ausfälle zu berücksichtigen und die Gesamtsituation. Sind charakterliche Fehlentwicklungen (B oder C) oder erziehungserschwerende Umstände (E) stärker ausgeprägt, wird im Zweifelsfalle eine Entscheidung für die nächstniedrigere Stufe dem Kinde besser dienen. Auch die körperliche Verfassung ist zu berücksichtigen.

Die mit A, B, C bzw. die mit D oder E gekennzeichneten Untersuchungsergebnisse sollten stets gebührend erwogen, nicht aber zahlenmäßig verrechnet werden, was ihrem besonderen Gehalt keineswegs entsprechen würde.

Jede Aufnahme und Einstufung sollte in der Regel für mehrere Wochen nur „zur Beobachtung" erfolgen, da auf Grund der kurzen Erstuntersuchung häufig noch keine hinreichend verläßlichen Entscheidungen getroffen werden können.

Als Richtlinie für die Aufnahme bzw. Einstufung kann etwa gelten:

Erziehungsberatung — möglichst regelmäßig für geistig behinderte Kinder von
0— 4 J.
4—18 J. welche Stufe II noch nicht erreicht haben und für die ambulante Erziehungsmöglichkeiten noch nicht vorhanden sind,
4—18 J. welche Stufe II erreicht oder überschritten haben, jedoch mangels ausreichender Einrichtungen vorläufig keine anderweitige Erziehung erhalten können oder wegen bes. Störungen noch nicht in der Gruppe erziehbar sind.

Ambulante Erziehung — stundenweise in Elternhaus oder Erziehungsstätte neben häuslicher Erziehung mit begleitender Erziehungsberatung für geistig behinderte Kinder von
4—18 J. welche Stufe II noch nicht erreicht haben,
4—18 J. welche Stufe II erreicht haben, jedoch mangels ausreichender Einrichtungen vorläufig keine anderweitige Erziehung erhalten können oder wegen bes. Störungen noch nicht in der Gruppe erziehbar sind.

Sonderkindergarten für geistig behinderte Kinder von
4— 6 J. sofern sie die Stufe II erreicht haben. Als Vorbedingung für die Aufnahme ist im allgemeinen anzusehen, daß zumindest bei I, 1—5 und 9—13 Stufe II erreicht ist und daß keine bes. Störungen vorliegen, die eine gruppenweise Erziehung noch nicht erlauben.

Unterstufe der Sonderschule für Geistigbehinderte von

6—12 J. sofern sie die Stufe II oder III erreicht, die Stufe IV aber noch nicht erreicht haben. Als Vorbedingung für die Aufnahme ist im allgemeinen anzusehen, daß zumindest bei I, 1—5 und 9—13 Stufe II erreicht ist und daß keine bes. Störungen vorliegen, die eine gruppenweise Erziehung noch nicht erlauben.

Mittelstufe der Sonderschule für Geistigbehinderte von

8—15 J. sofern sie die Stufe IV erreicht, die Stufe V aber noch nicht erreicht haben.

Oberstufe der Sonderschule für Geistigbehinderte von

12—15 J. sofern sie die Stufe V erreicht haben.

Abschlußstufe (Werkstufe) der Sonderschule für Geistigbehinderte

15—24 J. sofern sie die Stufe V, jedoch noch keine hinreichende Arbeitsreife erlangt haben.

18—ff. J. *Beschützende Werkstatt* für Geistigbehinderte über 18 Jahre, welche hinreichende Arbeitsreife erlangt haben.

Sonderschule für Lernbehinderte für Kinder von

6— 7 J. die bereits Stufe IV oder weitere erreicht haben.

8—10 J. die bereits Stufe V erreicht haben.

Weitere Abklärung heilpäd., psychol. oder med. Art für Kinder, die auf Grund der Erstuntersuchung nicht eingeordnet werden können bzw. anderweitiger erzieherischer oder therapeutischer Maßnahmen bedürfen.

3. Erhebung der Vorgeschichte, Erhebungsbogen

Wie bereits hervorgehoben, bedarf die „Erstsicht" im Rahmen der Aufnahmeuntersuchung der Ergänzung und Differenzierung, um die konkrete Erziehungsarbeit angemessen orientieren zu können.

Für solche Ergänzung bieten sich vor allem die Erhebung der Vorgeschichte und die Beobachtung an.

Zunächst zur Aufnahme der Vorgeschichte, eines Berichts über die allgemeine Entwicklung unter pädagogischem Aspekt und über Entstehung, erste Andeutungen und Verlauf der jeweiligen Störungen, wobei Aussagen namentlich der Eltern besonders wichtig sind. Hierzu betont *Bondy:* „Das volle Verständnis einer Persönlichkeit und ihrer Schwierigkeiten ist nur möglich, wenn man sie in ihrer Gesamtentwicklung sieht und versteht."[100])

Allerdings sind Bemühungen in dieser Richtung vor gewisse Schwierigkeiten gestellt: Erstens erfordern sie ein Erhebliches an Zeit; denn zu zu reichend gründlichen Auskünften über die Lebensgeschichte eines Kindes pflegt man nur zu gelangen, wenn man sich die Muße zu einem ausführlichen, eigens diesem Thema vorbehaltenen Gespräch mit den Eltern nimmt.

Zweitens aber wird man bei Nachforschungen dieser Art mitunter auf ein gewisses Unverständnis der Eltern stoßen, da derartige Fragen doch anscheinend nichts mit den konkreten Problemen zu tun haben, um derentwillen das Gespräch aufgenommen wurde.

Es wäre nun aber verkehrt, über den genannten Schwierigkeiten die außerordentlichen Möglichkeiten zu übersehen, welche dieses Gespräch mit den Eltern für die Erfassung der Entwicklungslage des Kindes bietet. Man darf diesen Weg getrost als unerläßlich zum Verständnis des innersten Kerns, der seelischen Struktur eines Kindes bezeichnen — ganz abgesehen davon, daß die Eltern in der Mehrzahl der Fälle durch ein derart ausgedehntes und intensives Interesse des Erziehers an ihrem Kind ein Maß an Vertrauen gewinnen, welches für den ganzen weiteren Erziehungsverlauf von entscheidender Bedeutung ist.

Von besonderem Gewicht für das Verständnis des Kindes und für seine Erziehung ist die Erfassung der Erziehungslage des Elternhauses, deren Breite und Intensität sich nach der jeweiligen Situation zu richten hat. Wichtig ist dabei, daß neben den einzelnen Erziehungsmaßnahmen und den Erziehungszielen, -grundsätzen und -ansichten der betreffenden Eltern vor allem ihre erzieherische Grundhaltung, die Weisen ihres „pädagogischen Zugriffs", ihrer „pädagogischen Zurückhaltung" und ihres Geborgenheit-Stiftens ins Auge gefaßt werden, wobei der Wahrnehmung der *verborgenen Haltungen* besondere Bedeutung zukommt.

Allerdings eröffnen oft erst Breite und Stetigkeit der Kontakte die Möglichkeit, einerseits den trügerischen Erziehungsweg mancher Eltern zu erkennen, andererseits aber auch die *positiven Seiten des* elterlichen *Erziehungsverhaltens* in den Blick zu bekommen, d. h. die wesentlichen Ansatzpunkte für die Erziehungsarbeit. Voraussetzung für eine wirkliche Ergiebigkeit ist, daß der Erzieher sich nicht in die Rolle des Beobachters begibt und dementsprechend nur auf ausschnitthafte Feststellungen angewiesen bleibt, sondern daß er in weitmöglicher Aufgeschlossenheit das Erziehungsverhalten der Eltern auf sich wirken läßt.

Bei der Erfassung der kindlichen Entwicklungslage und der elterlichen Erziehungslage gelangt der Erzieher zu immer deutlicheren Vorstellungen über die Entwicklungsmöglichkeiten und Förderungsnotwendigkeiten des betreffenden Kindes und über die Erziehungskräfte seiner Eltern.

Erhebungsbogen[101])

Beginn des Gesprächs zweckmäßigerweise mit 3. Die Abschnitte 1 und 2 lassen sich in der Regel besser im weiteren Verlauf des Gesprächs nachholen. Es sollte den Erziehern möglichst Gelegenheit gegeben werden, von sich aus zu erzählen. Ggf. sind Ergänzungsfragen zu stellen. Das Wichtigste ist in Stichworten zu notieren.

Name, Vorname ....

geb. ....

Aufgenommen am .... durch ....

Vorgeschichte

Auskünfte durch (Mutter, Vater usw.): ....

1. Besonderheiten in der Familie:
Großeltern
Eltern
Geschwister
Familienverhältnisse
Soziale Verhältnisse
Beruf
Wohnung
Mitmieter
Atmosphäre
Freizeit

2. Vorgeburtliche Situation
Ehe
Kinderwunsch
Schwangerschaft

3. Geburt
Rechtzeitigkeit
Ort
Verlauf
Gewicht
Erste Stunde
Körperliche Auffälligkeiten

4. Säuglingsphase und Nehmebereich
Stillen
Ernährungs- und Entwöhnungsschwierigkeiten
Lutschen
Zahnen
Guter Esser?
Naschen
Klauereien usw.
Auffälligkeiten
Krankheiten
Bes. Vorkommnisse
Verhalten der Erzieher

5. Krabbelphase und Eroberungsbereich
Sitzen
Krabbeln
Stehen
Laufen
Lallen

Sprechen
Allg. Motorik
Aggressivität
Temperament
Sprachstörungen
Auffälligkeiten
Krankheiten
Bes. Vorkommnisse
Verhalten der Erzieher

6. Trotzphase und Leistungsbereich
Sauberkeitserziehung
Ordnung
Ehrgeiz
Lieblingsbeschäftigung
Bes. Fähigkeiten
Auffälligkeiten
Krankheiten
Bes. Vorkommnisse
Verhalten der Erzieher

7. Kindergartenphase und Gemeinschaftsbereich
Verhalten zu Eltern und Geschwistern
Geschlechtsproblem
Schlafgelegenheit
Kindergarten
Freundschaften
Umgang
Auffälligkeiten
Krankheiten
Bes. Vorkommnisse
Beziehungspersonen
Clownerien
Pavor
Onanie
Verhalten der Erzieher

8. Schulalter
Schullaufbahn
Verhältnis zu Lehrern und Mitschülern,
zu best. Fächern
Noten
Umschulungen

4. Beobachtung, Berichtsbogen

Zur genaueren Erfassung der Entwicklungslage des geistig behinderten Kindes steht neben der Erhebung der Vorgeschichte vor allem die Beobachtung.[102])

So kann der Erzieher das Kind tagtäglich *in vielfältigen Situationen* und Gemütslagen beobachten. Er kann die Äußerungen des Kindes in ihrer ganzen Vielfalt und Schwankungsbreite auf sich wirken lassen — sei es im Unterricht, bei der Arbeit, beim Gespräch, beim Spiel, in Pausen usw.

Hinzu kommt — und das ist von besonderer Bedeutung —, daß der Erzieher nicht bloßer Beobachter ist, sondern daß er selbst zu dem Kind — wie auch das Kind zu ihm — in lebendigem Kontakt steht. Durch den *pädagogischen Bezug,* der ihn mit dem Kinde verbindet, wird sein Verstehen stets zu einem pädagogischen Verstehen, d. h. es geht über rein psychologisches Konstatieren, Einordnen und Beurteilen hinaus in die Sphäre realer Beziehungsaufnahme: des Miterlebens, des inneren Teilnehmens, der zeitweiligen Identifizierung, des Helfens, Schützens, des Provozierens, Forderns, Zugreifens, des Sich-Zuwendens, des Annehmens und des Sich-Zurückhaltens, des Reagierens, Verhandelns usw.

Die Breite der Beobachtungsmöglichkeiten ist dazu angetan, dem Erzieher auch die guten Seiten, die Stärken, die *besonderen Begabungen* eines Kindes sichtbar zu machen; damit ergeben sich oft auch entscheidende Ansatzpunkte für die Beratung der Eltern, denen mitunter nichts mehr mangelt als das Bewußtsein, daß ihr Kind auch etwas taugt, etwas kann, daß also ein positiver Grund da ist, auf den sich bauen läßt. Man gerät also nicht so leicht in Gefahr, sich allzu sehr darauf zu konzentrieren, nur die Störungen, Schwächen, Fehler, Symptome eines Kindes zu ermitteln und darüber zu vergessen, sich auch nach den positiven Seiten umzusehen, deren konkrete Kenntnis für eine wirklich fruchtbare Erziehungsarbeit unerläßlich ist.

Wenn der Erzieher nun auch während der Arbeit nur selten das einzelne Kind ausführlich beobachten kann, so steht ihm aber doch die Möglichkeit offen, sich zu Hause seine Wahrnehmungen und Erlebnisse zu vergegenwärtigen, zu Bewußtsein zu bringen. Dabei pflegt sich herauszustellen, daß jeder einzelne Tag eine beträchtliche Fülle an Wahrnehmungen, an oft nur am Rande oder unbewußt aufgenommenen Eindrücken hinsichtlich des einzelnen Kindes zur Verfügung stellt.

Es ist dabei übrigens wichtig zu sehen, daß Kindern ihren verschiedenen Erziehern gegenüber — bewußt und unbewußt — häufig verschiedene *Rollen* spielen. Da es nun aber nicht immer leicht ist, den speziellen Rollencharakter des Verhaltens zu durchschauen, besteht die Gefahr, daß, wo das Kind nur in einer Situation gesehen wird, seine diesbezügliche Rolle absolut gesetzt, d. h. gar nicht als Rolle erkannt wird. Erst wenn man das Kind umfassender sieht und der Zusammenhang seiner verschiedenen Rollen zutage tritt, kann es zu dem erforderlichen Gesamtverständnis kommen.

Um die geschilderte Beobachtung für Beurteilung und weitere Erziehungsarbeit fruchtbar machen zu können, empfiehlt es sich, je Woche über ein oder zwei Kinder täglich *Aufzeichnungen* zu machen, d. h. je in einem besonderen Heft mit Datum die konkreten Beobachtungen stichwortartig zu vermerken.

Es erleichtert den Überblick, wenn hierfür von den Seiten des Heftes seitlich ein Rand von einigen Zentimetern abgeschnitten wird mit Ausnahme der ersten und letzten Seite. Hier werden auf dem verbliebenen Rand links und rechts je 6 Querspalten eingerichtet und mit der Bezeichnung der Erziehungsbereiche versehen (linker Rand: Sozialer, Lebenspraktischer, Arbeitsmäßiger, Motorischer, Sinnes-, Musischer Bereich; rechter Rand: Sprach-, Verstandes-, Gemüts-, Religiöser Bereich sowie Spalten für Entwicklungsbedingungen und Gesamtentwicklung).

So braucht am oberen Rande in der Mitte des aufgeschlagenen Heftes nur der jeweilige Berichtszeitraum vermerkt zu werden, während die einzelnen Beobachtungen direkt in die entsprechenden Spalten notiert werden können.

Dieses Verfahren führt zu einer differenzierten Übersicht und bildet zugleich die Grundlage für den mindestens einmal jährlich abzufassenden Bericht über das einzelne Kind.

Sowohl für die laufenden Beobachtungen wie für den jährlichen Bericht erweisen sich die in folgendem Schema angeführten Gesichtspunkte als zweckmäßig, sofern sie als Anregungen aufgefaßt und nicht als Aufforderung zu regelmäßigen Aussagen über jeden einzelnen Aspekt mißverstanden werden.

Name, Vorname ....

geb. ....

Beobachtungsbericht durch ....
von .... bis ....

I. Entwicklungbedingungen (Angaben kennzeichnender Einzelheiten, keine allg. Beurteilungen)

1. Entwicklung der familiären und häuslichen Situation
2. Entwicklung der spez. häusl. Erziehungsmaßnahmen und -haltungen
3. Besuch der Erziehungsveranstaltungen
4. Auffälligkeiten in der körperlichen Entwicklung (Veränderungen des Gesamtzustandes, Krankheiten usw.)

II. Spezielle Fortschritte (Angabe beobachteter Leistungen und Veränderungen; keine allg. Feststellungen, keine Werturteile)

1. *Sozialer Bereich (Umgänglichkeit:* Umgangsformen, Anstand, Rücksichtnahme, Hilfsbereitschaft, Kontaktfähigkeit, Einordnungsfähigkeit):

2. *Lebenspraktischer Bereich (Selbständigkeit:* Selbstbesorgung, Aus- und Ankleiden, Essen und Trinken, Körperpflege, Alltagshandgriffe, Räumliche und zeitliche Orientierung, Verkehrssicherheit, Kleiderpflege):

3. *Arbeitsmäßiger Bereich (Anstelligkeit:* Aufräumen, Raumpflege, Küchenarbeit, Besorgungen, Wäschepflege, Blumen-, Garten-, Hof- und Tierpflege, kleine berufsartige Tätigkeiten):

4. *Motorischer Bereich (Körperbeherrschung:* Haltung, Bewegungsdifferenzierung, Bewegungskoordinierung, Bewegungsrhythmus, Gezieltheit, Tempo, Kraft, Ausdauer, Belastungsfähigkeit):

5. *Sinnesbereich (Wahrnehmungstüchtigkeit:* Gesicht, Gehör, Getast, Geruch, Geschmack, Bewegungssinn, Raumsinn):

6. *Musischer Bereich (Darstellungstüchtigkeit und Handfertigkeit:* Bauen, Formen, Malen, Werken, Darstellendes Spiel Musizieren):

7. *Sprachbereich (Sprachtüchtigkeit:* Sprachoffenheit [Zuhörbereitschaft], Sprachständnis, Sprachschatz, Sprechbereitschaft, Sprechtüchtigkeit, Abbau von Sprachfehlern [Stammelfehler, Poltern usw.]):

8. Verstandesbereich

Gegenstandsverständnis (wahrnehmen, vorstellen, wiedererkennen und unterscheiden von Personen und Gegenständen, Formen und Farben):

Regelverständnis (Erfassen von Regelmäßigkeiten und Ordnungen zeitlicher, räumlicher, funktioneller und sozialer Art):

Zeichenverständnis (Erkennen und unterscheiden von Gebärden, Kennzeichen, Signalen, Symbolen; Bild-, Buchstaben-, Wort- und Ziffernverständnis; Lesen, Schreiben):

Zahlenverständnis (einfache Mengenbegriffe, gliedern und vergleichen von Mengen, zählen, wegnehmen und zulegen, Verständnis für zeitliche und räumliche Verhältnisse):

9. Gemütsbereich (gemüthafte Teilhabe: Bindung an Menschen, Teilhabe am Erleben des Nächsten [Mitfreude, Mitleid, Dankbarkeit], Achtung vor Menschen und Dingen, Respektierung von Geboten, Verboten, fremdem Besitz, Verträglichkeit, Hilfsbereitschaft, Tierliebe, Naturliebe, Verhältnis zu Aufgaben [Aufgabenergriffenheit, Willigkeit, Sorgfalt, Sauberkeit, Ausdauer, Zuverlässigkeit, Pünktlichkeit, Zielstrebigkeit, Selbstvertrauen]):

10. Religiöser Bereich

III. Gesamtentwicklung

1. Charakterliche Haltung (Kontakt-, Aufgabenbereitschaft usw.)

2. Bes. entwickelte Interessen und Fertigkeiten

3. Bes. hervorgetretene Schwächen und Schwierigkeiten

4. Beurteilung der Gesamtentwicklung

5. Wesentliche Gründe für bes. Veränderungen

IV. Weitere Maßnahmen

VIII. Zur Gegenwartssituation der Geistigbehindertenpädagogik

1. Zur Lage der Geistigbehindertenpädagogik als Wissenschaft

Unter Berücksichtigung der historischen Entwicklung und der sachlichen Zusammengehörigkeit unterscheidbarer Aufgaben eines umgrenzten Arbeitsfeldes ist heute unter *Heilpädagogik die Theorie und Praxis der Erziehung all jener zu verstehen, deren seelisch-geistiges Werden und deren Eingliederung durch individuale Faktoren gestört, fehlgeleitet oder dauernd beeinträchtigt sind.* Heilpädagogik dient damit als Oberbegriff für die Erziehung bei psychischen oder physischen Beeinträchtigungen. Gemäß deren Hauptarten (Behinderungen, Fehlhaltungen oder Störungen) läßt sie sich gliedern in Sondererziehung, Heilerziehung und Fördererziehung.[103])

Fördererziehung ist die Erziehung angesichts der Beeinträchtigung eines Menschen durch körperliche oder psychische Belastungen, die leichterer oder vorübergehender Art sind und sein seelisch-geistiges Werden und seine Eingliederung irritieren. Hauptformen der Fördererziehung sind Berichtigung (bei Fehleinstellungen oder Fehlverhaltensweisen), Ergänzung (bei Erziehungslücken) und Unterstützung (bei Entwicklungskrisen, Krankheiten oder sonstigen aktuten psychischen oder physischen Belastungen).

Heilerziehung ist die Erziehung angesichts der Beeinträchtigung eines Menschen durch anhaltende Fehlerziehung, die als Erziehungsmangel oder als Erziehungsbedrängung zu umfänglichen Fehlhaltungen führt und sein seelisch-geistiges Werden und seine Eingliederung nennenswert fehlleitet. Hauptformen der Heilerziehung sind die Nacherziehung bei vorliegendem Erziehungsmangel (Hemmungslosigkeit) und die Umerziehung bei vorliegender Erziehungsbedrängtheit (Gehemmtheit).

Sondererziehung ist die Erziehung angesichts der Beeinträchtigung eines Menschen durch körperliche Schäden, die als weitgehend feststehend anzusehen sind und sein seelisch-geistiges Werden und seine Eingliederung wesentlich erschweren. Sondererziehung vollzieht sich im Rahmen der offengebliebenen Möglichkeiten des Behinderten durch optimale Ausschöpfung der Funktionsreste (Substitution) und der Funktionsreserven (Kompensation). Hauptformen der Sondererziehung sind die Lern-, Seh-, Hör-, Sprach-, Körper- und Verhaltensbehindertenpädagogik, die Blinden-, die Gehörlosen- und die Geistigbehindertenpädagogik.

Damit ist gesagt, daß die *Geistigbehindertenpädagogik* ihren systematischen Ort im Bereiche der *Sondererziehung* hat. Daß neben den sondererzieherischen jedoch auch heilerzieherische und fördererzieherische Aufgaben bei der Erziehung des geistig behinderten Kindes zu übernehmen sind, wurde in anderem Zusammenhange bereits ausführlich dargelegt.

In jedem Falle handelt es sich bei all diesen Bemühungen aber um Erziehung — sowohl in der Fragestellung (die sich auf die jeweils vorliegende Erziehbarkeit, Erzogenheit und Erziehungsbedürftigkeit sowie auf die Erziehungswege konzentriert), als auch in den Arbeitsweisen und -mitteln wie in dem Charakter erforderlicher Einrichtungen. Zugleich aber handelt es sich stets um unregelhafte, abgewandelte Erziehung, die es mit mehr als bloßen „Notfällen" zu tun hat, die mit provisorischen Maßnahmen abzustellen wären. Vielmehr bedarf gerade dieses Arbeitsfeld einer besonderen, differenzierten und artikulierten Erforschung, Theorie und Praxis.

Angesichts der erst verhältnismäßig kurzen Geschichte der Geistigbehindertenpädagogik als Wissenschaft nimmt es nicht wunder, daß bislang lediglich Ansätze zu einer Strukturierung dieser Disziplin vorliegen.

Man könnte die gegenwärtige Lage der Geistigbehindertenpädagogik als ein *Stadium des Sammelns fundamentaler Erfahrungen, des Bedenkens grundsätzlicher Fragen, des Ordnens der verschiedenen Problemfelder und des ersten, stichprobenartigen empirischen Untersuchens von Einzelfragen* kennzeichnen.

Damit ist zugleich gesagt, daß sorgfältige und hinreichend breit angelegte, differenzierende Feldforschungen, die gängige Behauptungen, vorsichtige Vermutungen oder wohlbegründete Erfahrungen bestätigen oder korrigieren könnten, noch sehr rar sind.

Sehr entbehrlich scheint dagegen im Bereiche der Geistigbehindertenpädagogik eine in der Gegenwart unter dem Namen Wissenschaft geübte *Betriebsamkeit,* die sich einer ganzen Reihe von Verfahren zu eindrucksvoller Gegenstandsaufbereitung bedient, welche nicht zu neuen Einsichten führt und daher nicht das entscheidende Kriterium der Wissenschaftlichkeit besitzt. Hierzu gehört vor allem gedankliche Askese in einer der folgenden Formen:

kokette Vermutung „tiefer" oder „diffiziler" Probleme bei der Erwähnung jeglichen Gegenstandes,

Verwechslung von Erfindung eines Fachjargons mit wissenschaftlicher Begriffsbildung,

Kompliziertheit oder Exklusivität des Stils (etwa in der Form der Verfremdwörterung),

Beschwörung von Autoritäten, zitierend-formulierendes Verfahren, das die Zahl der bloßen „Items" vermehrt, jedoch kaum weiterführende Informationen bringt,

naive oder raffinierte Anhäufung wenig sagender Fußnoten oder An-
merkungen und unausgewählter Literaturangaben, womit mehr diskreter
Selbstdarstellung als wirklicher Gegenstandserhellung gedient wird
und nicht zuletzt Zahlenspiegelei als Versuch, fehlende Begründungs-
zusammenhänge durch quantifizierte Bekanntheiten entbehrlich erscheinen
zu lassen.

2. Zur Einstellung der Öffentlichkeit gegenüber der Geistigbehinder-
tenpädagogik

Bereits seit einer ganzen Reihe von Jahren zeigt sich ein bemerkenswertes *Laienengagement* für die geistig behinderten Kinder. So hat z. B. die
Bundesvereinigung „*Lebenshilfe für das geistig behinderte Kind*" in den
ersten acht Jahren seit ihrer Gründung 1958 über 26 000 Mitglieder verzeich-
nen können.[104]) Auch andere Bemühungen mit entsprechender Thematik
stoßen auf starkes öffentliches Interesse, und es ergibt sich aus derartigen
Impulsen, die von den Massenpublikationsmitteln sowohl aktiv unterstützt
als auch fördernd reflektiert werden, eine angesichts vielfältiger, verhärteter
altüberkommener Vorurteile doch beachtlich breite Bresche des *öffentlichen
Verständnisses* für das behinderte Kind und seine Erziehung.

Trotz der geschilderten erfreulichen Tendenzen darf aber nicht übersehen werden, daß es noch weite Regionen und Schichten gibt, die in der genannten Hinsicht erheblich rückständig sind.

Es wäre aber ebenso unrichtig wie unzweckmäßig, hier bösen Willen
zu unterstellen. Vielmehr ist die negative Einstellung zum geistig behinderten
Kinde und seiner Erziehung als Ausdruck *unzureichender Informiertheit* über
die Ursachen der Behinderung und über die erzieherischen Möglichkeiten zu
verstehen.

Vermutlich ist auch bei der *Gesetzgebung* der Bundesrepublik und der
einzelnen Länder eine Wurzel für die etwas zögernde Aufmerksamkeit gegenüber dem Behinderten zu suchen.

So fehlt z. B. im Grundgesetz jeglicher Hinweis auf die besondere Verpflichtung des Ganzen für die Gruppe der Behinderten, obschon doch einiger
Anlaß hierfür vorlag, und andere, kleinere Minderheiten durchaus gesetz-
geberische Beachtung fanden.

Interessanterweise ist es erst ein Gesetz, das sich zentral mit ökonomischen Regelungen befaßt, welches auf Bundesebene und zwar im Jahre 1961
den Kreis der Behinderten im größeren Rahmen gerecht zu werden sucht:
das verdienstvolle Bundessozialhilfegesetz, das auch den Kreis der „Personen, deren geistige Kräfte schwach entwickelt sind", einbezieht.

Nicht viel anders als mit dem Grundgesetz steht es mit den Verfassungen der einzelnen Bundesländer. Auch hier hat man Mühe, einen Artikel zu finden, der sich speziell der Gruppe der behinderten Kinder und Jugendlichen — sei es in schulischer oder in allgemeiner Hinsicht — oder der behinderten Erwachsenen annimmt, obgleich die Gesamtzahl dieses Personenkreises in der Bundesrepublik mehrere Millionen beträgt.

Auch in den einschlägigen Schulgesetzen der Bundesländer finden sich zunächst nur sehr zögernd kleine, mehr randständige Passagen über schulische Einrichtungen für Geistigbehinderte. Teilweise ist dies bis heute noch so geblieben, wennschon sich in einigen Bundesländern doch bereits bemerkenswerte Gesetzesnovellierungen finden.[105])

Allerdings mehren sich die Anzeichen für eine Wandlung zum Positiven, wenn man den Wettstreit der verschiedenen politischen Parteien um eine optimale Förderung des behinderten Kindes, die Denkschriften, die großen und kleinen Anfragen in den Länderparlamenten als Ausdruck zielgerichteter Energie in der genannten Richtung werten darf.

Sowohl in gesetzgeberischer wie in publizistischer Hinsicht gilt es jedenfalls, noch ein erhebliches Feld zu bestellen angesichts der Bedeutung, welche der Einstellung der Öffentlichkeit gerade für die Geistigbehindertenpädagogik zukommt; denn *die Erziehung kaum einer Menschengruppe ist in so hohem Grade abhängig von dem Mitgetragensein durch die Gesellschaft*, von einer inneren und äußeren Zustimmung, welche letztlich abhängig ist von dem Verständnis für Aufgaben, deren Übernahme kennzeichnend für den Menschen als Menschen ist.

3. Zur Funktion der Geistigbehindertenpädagogik für die geistige Situation der Gegenwart

Zwar scheint das Euthanasiedenken in der Gegenwart weitgehend überwunden zu sein; doch ist es in Wirklichkeit nur durch das *Rentabilitätsdenken* kaschiert worden, d. h. der menschliche Einsatz und die finanziellen Aufwendungen für den Behinderten werden vorwiegend unter dem Gesichtspunkt wirtschaftlicher Rentabilität gesehen.[106])

Abgesehen davon, daß die erzieherischen Bemühungen um den Geistigbehinderten tatsächlich wesentlich geringere Kosten verursachen, als bei fehlender heilpädagogischer Betreuung für Pflegekosten usw. aufgewandt werden müßten, ist es jedoch etwas wesentlich anderes, sich zu entscheiden, dem Behinderten ein wirklich erfülltes Leben und eine sinnvolle Tätigkeit — und sei sie noch so geringfügig — zu ermöglichen, als Rentabilitätsüberlegungen anzustellen.

Ein Umsichgreifen des heute so geläufigen Rentabilitätsdenkens zieht zwangsläufig Folgen für jeden einzelnen nach sich, sofern es auch auf den menschlichen Bereich angewandt wird. Jeder einzelne würde sich bei bestimmten Krankheiten, Unfällen oder im Alter vor den Richtersessel dieses Denkens gestellt sehen und sich der Frage unterwerfen müssen, ob er als Arbeitskraft noch Verwendung finden kann oder nicht.

Mit der Ablehnung dieses Denkens gewinnt die Geistigbehindertenpädagogik in der Praxis der Menschheit ein Stück ihrer Unmenschlichkeit ab.

Im Grunde besteht ein entscheidender Impuls der Geistigbehindertenpädagogik in der *Änderung der Blickrichtung,* die sie in der Öffentlichkeit bewirkt: In entschiedener Absage an alle Bemühungen um die Ermittlung von Unmöglichkeiten und der Grenze des „Lohnenden" wendet sie sich dem Menschenmöglichen zu. Sie sucht gleichsam den schwächsten Stein in der Mauer, nicht um ihn herauszulösen, sondern um ihn zu festigen und zu verfugen.[107])

Neben diesem grundsätzlichen Beitrag sind es vor allem einige Einsichten, die sich aus der praktischen Arbeit ergeben, welche die Bedeutung der Geistigbehindertenpädagogik für die geistige Situation der Gegenwart ausmachen.

In einer Zeit, die dazu neigt, Gesundheit als etwas Selbstverständliches, Kalkulierbares zu sehen, weist die Geistigbehindertenpädagogik aus ihrer täglichen Erfahrung darauf hin, daß das heutige *Sicherheitsdenken* naiv ist, da die für den einzelnen offengebliebenen Möglichkeiten des Menschseins stets gefährdet sind und weder beansprucht noch garantiert werden können.

Ein weiterer Gesichtspunkt, der sich bei der heilpädagogischen Arbeit ergibt, ist der verbindende Grund bei aller Unterschiedenheit. So andersartig ein Behinderter zunächst auch erscheinen mag, es besteht doch keine grundsätzliche Uneinfühlbarkeit in seine inneren Zuständlichkeiten. Wenigstens annähernd vermag sich jeder in sein Zumute-sein einzufühlen.

Allerdings läuft diese Einsicht der Tendenz zum *Schemadenken* zuwider. Man möchte es am liebsten nur mit dem Regelfall zu tun haben und übersieht dabei, daß der Mensch geradezu als der stets andere definiert ist. Entgegen diesem Zuge der Zeit, das Anderssein nicht zu ertragen, und nur Menschen nach einem Bilde zu wünschen, und abzuwerten, wo sich dies als unmöglich erweist, erzieht die Geistigbehindertenpädagogik zur *Annahme des Andersseins* des anderen.

Schließlich drängt sich die Beobachtung auf, daß nahezu jeder Mensch in irgendeinem Sinne behindert ist, d. h. Grenzen hat, die in jener fiktiven Normvorstellung vom Menschen nicht enthalten sind. Erst durch die *Entdeckung der eigenen Behinderungen,* und seien sie nach außen hin noch so unauffällig, gelangt der Mensch zum realistischen Selbstverständnis seiner selbst. Er sieht sich in die Gemeinsamkeit der Behinderten gestellt und wird von der Abwertung gegenüber den besonders auffällig Behinderten eher zurückgehalten. In der täglichen Begegnung mit den Extremsituationen menschlichen Daseins gelangt der Heilpädagoge somit zu Einsichten, die nicht nur das Bild vom Menschen, das sich unsere Zeit macht, korrigieren und vertiefen, sondern die zugleich zu einer *fruchtbaren Beunruhigung* einer sich allzu sicher gebenden Gegenwart beizutragen vermögen.

Anmerkungen

1) Unterscheidet man mit *Wellek* das „anschaulich-vollziehende Denken" von dem „unanschaulich-begrifflichen Denken", so ist unter „praktischer Bildbarkeit" ein entscheidendes Überwiegen der Möglichkeiten des anschaulich-vollziehenden Denkens, Lernens und Handelns gegenüber den Möglichkeiten unanschaulich-begrifflichen Denkens, Lernens und Handelns zu verstehen. — *A. Wellek,* Die Polarität im Aufbau des Charakters. Bern 1950. S. 137 (3. Aufl. 1966). — Dabei gilt es zu sehen, daß es auch beim anschaulich-vollziehenden Denken, Lernen und Handeln letztlich um geistige Akte im weiteren Sinne geht und sinnenmäßige Anschaulichkeit bzw. motorischer Vollzug überwiegend stützende Funktionen haben.

2) Daß die geistige Behinderung nicht als Ausfall einer isoliert zu sehenden Intelligenz aufgefaßt werden darf, wurde bereits von *Hanselmann* betont, indem er von „Gesamtseelenschwäche" sprach, und auf die Verwobenheit geistiger Schädigung mit sprachlicher, emotionaler und psychomotorischer Beeinträchtigung hinwies. *H. Hanselmann,* Einführung in die Heilpädagogik. 6. Aufl. Zürich 1962. S. 133. Auch von *Lutz* und *Busemann* werden geringe Spontaneität und Verlangsamung der psychischen und motorischen Abläufe als besonderes Kennzeichen des Geistigbehinderten hervorgehoben. *J. Lutz,* Kinderpsychiatrie. Zürich/Stuttgart 1961. S. 124 (2. Aufl. 1964). *H. Busemann,* Psychologie der Intelligenzdefekte. München/Basel 1959. S. 557 (2. Aufl. 1963)

3) Trotzdem ist jedoch zu sehen, daß viele geistig behinderte Kinder neben ihrer seelisch-geistigen Behinderung noch durch anderweitige Behinderung (Seh-, Hör-, Körperbehinderung, Spastizität, Herzschwäche usw.) zusätzlich z. T. stark beeinträchtigt sind, wodurch sich erzieherische Spezialaufgaben ergeben, die allerdings in vorliegender Schrift nicht erörtert werden können.

4) Eine gute Übersicht über Ursachen und Formen der geistigen Behinderung gibt H. Harbauer, Vorbeugung, Früherfassung und Behandlungsvorschläge bei kindlichem Schwachsinn. (Informationsschrift 22 der Bundesvereinigung Lebenshilfe. Marburg 1967)

5) Insbesondere ist aber die Pseudogenauigkeit eines Intelligenzquotienten hier sehr problematisch — nicht zuletzt, weil bislang kein für diesen Personenkreis hinreichend geeichtes Untersuchungsverfahren vorliegt. Vgl. hierzu das in Kap. VII Ausgeführte. Übrigens teilen *M. Egg* und andere erfahrene Autoren die genannte Reserve.

6) Vgl. hierzu auch *H. von Bracken,* Entwicklungsgestörte Jugendliche. München 1965. S. 15 und *K. Sondersorge, H. Barth,* Die Erfassung geistig behinderter Kinder in einem Landkreis. (Lebenshilfe 1963)

7) Unter Berufung auf verschiedene Autoren stellt *Williams* für die USA den auch in der BRD beobachteten Sachverhalt fest, daß die Eltern der geistig behinderten Kinder „über alle wirtschaftlichen und geistigen Sozialgruppen verstreut" sind und keineswegs bevorzugt in schwachen oder problematischen Milieus zu finden sind. H. *Williams,* Zur Phänomenologie und Klassifikation geistig behinderter Kinder. (*Williams* u. a., Das geistig behinderte Kind in der Sonderschule. Berlin 1966)

[8]) Vgl. hierzu E. *Beschel,* Der Eigencharakter der Hilfsschule. Weinheim 1960. S. 59. (3. Aufl. 1965) — *L. Bopp,* Allgemeine Heilpädagogik. Freiburg 1930. S. 53. — Insgesamt wurde vorliegende historische Skizze bereits veröffentlicht in *H. Bach,* Idee und Gestalt der Sonderschule für geistig behinderte Kinder (Handbücherei der Lebenshilfe. Bd. 6. Marburg 1966).

[9]) *L. Schlaich,* Von den Anfängen der Hilfe für geistig Behinderte. (Lebenshilfe 1964)

[10]) Vgl. *E. Beschel,* a. a. O. S. 54.

[11]) Vgl. *E. Beschel,* a. a. O. S. 27.

[12]) Nach *E. Schomburg,* Die Sonderschulen in der Bundesrepublik Deutschland. Berlin 1963. S. 129 ff.

[13]) Vgl. *Tom Mutters,* Lebenshilfe für geistig Behinderte. (Enzykl. Handbuch der Sonderpädagogik. Berlin 1965 ff. Sp. 1104 f.)

[14]) Gutachten zur Ordnung des Sonderschulwesens. Erstattet vom Schulausschuß der Ständigen Konferenz der Kultusminister der Länder der Bundesrepublik Deutschland. Hamburg 1960.

[15]) Näheres zu dieser Thematik bei *U. Köttgen,* Aufgaben des Arztes bei der Früherfassung geistig behinderter Kinder. (Lebenshilfe 1962)

[16]) Im Sinne von *P. Moor:* „Gegenstand des heilpädagogischen Begreifens ist die pädagogische Aufgabenstellung und nicht mehr der medizinische Sachverhalt."

[17]) Diesem Kapitel liegt ein Vortrag zugrunde, der 1962 in Mainz gehalten und 1963 in Heft 30 der Schriftenreihe des DPWV unter dem Titel „Zur inneren Situation des geistig behinderten Kindes" veröffentlicht wurde.
Grundsätzlich wird in vorliegender Schrift davon ausgegangen, daß es sich bei Erziehung und Bildung seitens des Kindes um mehr oder minder bewußte und willentliche Prozesse des Lernens handelt, die lediglich hinsichtlich der Gehalte häufig (und z. T. recht künstlich) voneinander unterschieden werden (charakterliche bzw. geistige Gehalte). Auch die betonte Abhebung der Erziehung bzw. Bildung von der Dressur erscheint nicht nur willkürlich sondern sogar unzweckmäßig, sofern man auf die Übergänge zwischen diesen Prozessen und namentlich auf die frühe Kindheit oder gar auf die Menschwerdung des Geistigbehinderten blickt.

[18]) Übrigens hat diesen Sachverhalt bereits *C. W. Saegert,* Über die Heilung des Blödsinns auf intellectuellem Wege. I. und 2. Bd. 1845 und 1846, S. 193 klar durchschaut: „Sehr lebhaft trat mir aber in Folge dieser Fälle die Bedeutung des Urteils ‚nicht bildungsfähig' vor die Seele; ich sah ein, daß es Verurteilung war, dieses Prädikat auszusprechen, da ein solches Wesen auch in keiner anderen Anstalt Aufnahme und Ausbildung zu gegenwärtigen hatte."

[19]) Vgl. hierzu auch *E. Schomburg,* Der Bildungsanspruch des geistig behinderten Kindes. (Handbücherei Lebenshilfe Bd. 1. Marburg 1962)

[20]) Hierzu bemerkt *P. Moor,* Heilpädagogik. Bern/Stuttgart 1965. S. 173: „In jedem Fall kann durch Erziehung immer noch eine wenigstens zeitweilige partielle Leistungsfähigkeit und innere Ausgeglichenheit erreicht werden; und schon um dieses Zieles willen darf Erziehung nie aufgegeben werden."

[21]) *H. Stutte,* Die sogenannte medizinische Erziehbarkeit im JWG. (Recht der Jugend 1963) formuliert einen vergleichbaren Sachverhalt von ärztlicher Seite aus:

„Die Medizin hat nichts mit (Un-) Erziehbarkeit zu tun. Sie liefert allenfalls Einsichten in die u. U. krankhaften Bedingungen jugendlicher Dissozialitäts- oder Schwererziehbarkeitszustände und vermag aus ihrem prognostischen Wissen oft auch Hinweise zu geben für die Verlaufsdynamik psychopathologisch determinierter Verwahrlosungszustände und die Reichweite pädagogischer Einwirkungsmöglichkeiten in solchen Fällen."

[22]) Am Rande sei hier bemerkt, wie leichtfertig es ist, wenn im Beisein des geistig behinderten Kindes von ihm vor anderen gesprochen wird, als wäre es nicht anwesend. Hier sei vor allem auf Mitteilungen über den Zustand, über die seelisch-geistige Entwicklung des behinderten Kindes gegenüber Dritten hingewiesen. Die Gefahr derartiger Verhaltensweisen für die Entwicklung des geistig behinderten Kindes kann gar nicht stark genug betont werden; denn sie provozieren geradezu ein Nichtkönnen. Mancher Mangel an Erziehbarkeit eines geistig behinderten Kindes ist letztlich als eine Anpassung gemäß den oft hundertfach bekundeten reduzierten Erwartungen der Umwelt zu verstehen.

[23]) Zur Frage des „Du oder Sie" im Umgang mit geistig behinderten Jugendlichen: *J. Glemnitz*. (Lebenshilfe 1967. S. 102)

[24]) Dieses Kapitel fußt auf einem erstmalig 1962 in Bad Kreuznach gehaltenen Vortrag, der in Heft 4/1964 der Lebenshilfe unter dem Titel „Der geistig behinderte Mensch und unser Erziehungsziel" veröffentlicht wurde.

[25]) *M. J. Langeveld*, Kind und Jugendlicher in anthropologischer Sicht. Heidelberg 1959.

[26]) *Th. Litt*, Führen oder Wachsenlassen. 2. Aufl. Berlin/Leipzig 1929 S. 56.

[27]) Vgl. hierzu auch *Th. Ballauff*, Systematische Pädagogik. Heidelberg 1962 — insbesondere den Begriff der Erschlossenheit.

[28]) *P. Moor*, Heilpädagogische Psychologie. Bd. 1. 2. Aufl. Bern/Stuttgart 1960.

[29]) Vgl. hierzu *Th. Ballauff*, Systematische Pädagogik. Heidelberg 1962 — mit der zentralen Kritik an der Vorstellung der Machbarkeit in der Pädagogik.

[30]) Die folgenden Erziehungsaufgaben (I. Sozialerziehung bis X. Religiöse Erziehung) werden hier in der Formulierung der Empfehlung 10 des Pädagogischen Ausschusses der Bundesvereinigung Lebenshilfe wiedergegeben (Handbücherei der Lebenshilfe Bd. 6. Marburg 1966), die im wesentlichen Entwürfen des Verf., der Leiter des Ausschusses ist, folgt. — Zu den einzelnen Bereichen finden sich vielfältige Anregungen bei M. Egg. Ein Kind ist anders. 3. Aufl. Zürich 1963.

[31]) Wichtige Hinweise zum Thema Sozialerziehung im Bereiche der Geistig-behindertenpädagogik gibt *K. Josef*, Erziehung zur Gruppenfähigkeit bei geistiger Behinderung. (Lebenshilfe 1964) und: Der Aufbau von Gruppen und Gruppenstruktur bei geistig Behinderten. (Lebenshilfe 1965)

[32]) Wertvolle Anregungen zu diesem Bereich finden sich bei folgenden Autoren: *Engelmann, Hoellering, Höss, Hünnekens, Lesemann, Pfeffer, Sondersorge* und *Tauscher* (siehe Literaturverzeichnis).

[33]) *Höss, Josef, Wallert* und *Winkler* (siehe Literaturverzeichnis) stellen Ausführlicheres für diesen Bereich zur Verfügung.

[34]) Spezielle Literatur zu dieser Thematik: *Atzesberger, Biesalski, Müller, Schilling* (siehe Literaturverzeichnis).

[35]) Hierzu Näheres bei *G. Ennen*, Intellektuelle Erziehung. (Handbücherei der Lebenshilfe Bd. 6. Marburg 1966)

36) Hierzu insbesondere P. *Moor*, Heilpädagogik. Bern/Stuttgart 1965. S 151 ff.

37) Hierzu G. *Brandt* und P. *Buschmann* (Handbücherei der Lebenshilfe Bd. 6. Marburg 1966) und R. *Bochinger*, Hilfe für das geistig behinderte Kind. Stuttgart 1967.

38) Vorliegender Beitrag zum Thema Kulturtechniken wurde bereits in Heft 3/1965 der Zeitschrift Lebenshilfe veröffentlicht.

39) Wenn im Folgenden der Einfachheit halber von „Kulturtechniken" ohne Zusatz gesprochen wird, so wird dabei keineswegs übersehen, daß auch Graben und Kochen, Nähen, Sprechen usw. Kulturtechniken sind.

40) Gewisse Bemühungen der Gegenwart, bereits drei- und vierjährige Kinder das Lesen zu lehren, übersehen 1. die Gefahr der Überforderung der Kinder durch ehrgeizige Eltern (Kontaktdefizit) — von Kunstfehlern folgenschwerer Art durch mangelnde Fachkenntnis ganz zu schweigen, 2. die Folge, daß ein Kind, das Lesen kann, es in der Regel auch tun wird und dadurch die Welt aus zweiter (gedruckter) Hand für die eigentliche nehmen wird (Erfahrungsdefizit) — wogegen die geschmähte Blässe der Fernseheindrücke noch wie pralles Leben erscheinen muß, und 3. wird durch die frühe programmierte Unterrichtung des Kindes seine Manipulierbarkeit nicht gerade verringert, indem sein Spielraum zu schöpferischer Weltbegegnung eingeengt wird (Freiheitsdefizit).
Der Ansatz, daß viele unserer Kinder ihre vorschulpflichtige Zeit nicht eben sinnvoll verbringen, ist dagegen nur zu bestätigen. Jedoch scheint es vernünftiger, Möglichkeiten für wirklich lebendige Erfahrungen zu schaffen als für Erfahrungsersatz, intellektuelle Schulung in komplexen Ursituationen zu ermöglichen als an wohlpräparierten Programmen und Kontakt zwischen Eltern und Kind nicht durch organisierte Lernakte vorzeitig einzuengen.

41) Eine Antwort hierauf findet sich u. a. bei M. *Egg-Benes*, Die heilpädagogische Hilfsschule der Stadt Zürich. Zürich 1953, S. 96: „Man sollte aber mit dem, woran man sich erinnert, auch etwas anfangen können: das aber können Schwachsinnige nicht. Wenn daher eingekleidete Aufgaben vorkommen ('Sätzli-Aufgaben'), so sind leider doch viele mehr oder weniger verloren. Das Unglück ist nun, daß das Leben meistens ‚Sätzli-Aufgaben' stellt!
Es gibt immer wieder Kinder, bei denen wir in langer Arbeit sozusagen das geistige Werkzeug vermitteln und es sich hernach herausstellt, daß sie es nicht verwenden können.
Mit der Zeit wird aber offenbar, daß die geistigen Voraussetzungen einzelner Schüler für eine weitere Entwicklung nicht ausreichen. Sie erlernen z. B. fließend das Lesen, verstehen aber nicht, was sie lesen. Oder: sie erlernen das Schreiben, kommen aber nie über die Stufe des reproduzierenden Schreibens hinaus, d. h. daß sie nur abschreiben können, aber nichts Eigenes zu schreiben vermögen."

42) *Buck*, P. S., Geliebtes unglückliches Kind, Hamburg/Wien 1952. S. 59: „Die Einzelheiten jener Monate sind heute uninteressant. Ich will nur sagen, daß das Kind lernte, einfache Sätze zu lesen, daß es mit viel Mühe seinen Namen schreiben konnte, und daß es Lieder liebte und einfache selbst singen konnte. Was es erreichen konnte, war an sich ohne Bedeutung. Ich glaube, die Kleine hätte vielleicht noch größere Fortschritte machen können. Aber als ich eines Tages in meinem immer sehr freundlichen, aber stetigen und durch meine Besorgnis vielleicht ein wenig unbarmherzigen Drängen ihr rechtes Händchen ergriff, um es beim Schrei-

ben eines Wortes zu führen, war es naß von Schweiß. Ich ergriff ihre beiden Hände und öffnete sie: ich sah, daß sie naß waren. Und da begriff ich denn, daß das Kind unter einer ungeheuren Spannung stand, daß es um meinetwillen sein Allerbestes versuchte, sich einer Sache unterzog, die es nicht verstand, in dem engelhaften Wunsch, mich zu erfreuen.

In Wirklichkeit lernte es nichts.

Mir war, als bräche mein Herz wieder ganz. Als ich meine Selbstbeherrschung wiedergewonnen hatte, stand ich auf und legte die Bücher für immer fort. Wozu war es nütze, diesen Geist über die Grenzen seiner Leistungsfähigkeit hinaus zu drängen? Sie würde, nach viel Anstrengung, fähig sein, ein wenig zu lesen — aber sie würde nie Bücher genießen können. Sie könnte lernen, ihren Namen zu schreiben, aber sie würde nie in der Schrift ein Verständigungsmittel finden."

43) Vgl. zum Thema Geschlechtserziehung W. *Günther,* Über die Pubertät des geistig Behinderten. (Lebenshilfe 1964) und A. *Breitenmoser,* Sexuelle Frage und „Lieben lernen". (Lebenshilfe 1964)

44) Zum Thema Kleine Schritte ist auf folgende Studie hinzuweisen: G. *Kanter, T. Lautemann,* Das Prinzip der kleinsten Schritte. (Lebenshilfe 1964)

45) Ausführliches über diese Thematik bei H. *Bach,* Die Unterrichtsvorbereitung. 7. Aufl. Hannover 1967.

46) Dieses Kapitel fußt auf Vorlesungen, die erstmalig im Wintersemester 1957/58 am Heilpädagogischen Institut der Pädagogischen Hochschule Hannover gehalten wurden, und auf einer Veröffentlichung, die in der Handbücherei der Lebenshilfe Bd. 4. Marburg 1964 erschien unter dem Titel „Grundformen der Fehlerziehung und der Heilerziehung bei geistig behinderten Kindern".

47) In Übereinstimmung mit P. *Moor,* Notwendigkeit und Möglichkeiten der Erziehung und Bildung geistig behinderter Kinder. (Lebenshilfe 1964. S. 61): „Mehr oder weniger ist immer schon ein Erziehungsfehler mitunterlaufen."

48) „...weil das Ergebnis einer ratlosen Erziehung für das wahre Wesen dieser Kinder gehalten wird." P. *Moor,* Heilpädagogik. Bern/Stuttgart 1965. S. 157.

49) Vgl. zu dieser Thematik auch R. und A. *Tausch,* Erziehungspsychologie. 2. Aufl. Göttingen 1965.

50) J. H. *Pestalozzi,* Stanser Brief.

51) Nach wie vor ist *Pestalozzis* Stanser Brief ein bemerkenswertes Kompendium für den hier als Nacherziehung beschriebenen Prozeß.

52) Zur Umerziehung im hier vorgetragenen Sinne findet sich in der Literatur zur Kinderpsychotherapie entscheidende Anregung. Hier sei lediglich verwiesen auf A. *Dührssen,* Psychotherapie bei Kindern und Jugendlichen. 2. Aufl. Göttingen 1963.

53) In diesen Abschnitt sind Teile folgenden Aufsatzes eingegangen: H. *Bach,* Werken unter heilpädagogischem Aspekt. Zs. f. Heilpäd. 1965.

54) Ausführliches zu dieser Thematik bei A. *Dührssen.* Psychotherapie bei Kindern und Jugendlichen. 2. Aufl. Göttingen 1963.

Vgl. auch E. *Hoejenbos,* Spiel und Spieltherapie bei geistig behinderten Kindern. (Lebenshilfe 1965) und die in Fußnote 32) angegebenen Autoren.

55) Zum Thema Strafe bzw. Erziehungsmittel sei verwiesen auf *Bornemann, Geissler* und *Trost* (siehe Literaturverzeichnis).

56) Dieser Abschnitt fußt auf einem Vortrag über die Haltungsthematik, der erstmalig 1960 in Oldenburg/Oldenburg gehalten wurde.

⁵⁷) Nicht nur dem geistig behinderten Kind, auch seinen Eltern fällt die zunehmende Ablösung im Sinne einer Verselbständigung oft nicht leicht. Sie sollte jedoch als eine unerläßliche Stufe der Erziehung gesehen werden.

⁵⁸) Zur Thematik dieses Kapitels vgl. auch *O. F. Bollnow*, Die pädagogische Atmosphäre. Heidelberg 1964.

⁵⁹) Die folgende Aufstellung entspricht weitgehend dem Rahmenprogramm der Bundesvereinigung Lebenshilfe für das geistig behinderte Kind e. V. Marburg, Barfüßertor 25. Ein Verzeichnis sämtlicher Einrichtungen in der Bundesrepublik erscheint gleichfalls dort.

⁶⁰) Zum Thema Früherfassung vgl. *B. Heinen*, Die Früherfassung geistig behinderter Kinder aus sozialer, religiös-ethischer und juristischer Sicht. (Handbücherei Lebenshilfe Bd. 4. Marburg 1964). Ebd.: R. Mattheis, Früherfassung geistig behinderter Kinder.

⁶¹) Zum Thema Elternberatung vgl. insbesondere *E. Giehr*, Erziehungsberatung — eine Hilfe für das geistig behinderte Kind. (Handbücherei Lebenshilfe Bd. 5. Marburg 1965) und *G. Dybwad*, Erfahrungen in der Beratung geistig behinderter Kinder in den USA. (Handbücherei der Lebenshilfe Bd. 5. Marburg 1965)

⁶²) Zum Thema Ambulante Erziehungshilfe: *E. Giehr*, Ambulante Erziehungshilfe für das geistig behinderte Kind. (Handbücherei Lebenshilfe Bd. 1. Marburg 1962) und *H. Hetzer*, Ambulante Erziehungshilfe für geistig behinderte Kinder — Wertvolle Erfahrungen aus einem Sonderkindergarten. (Lebenshilfe 1962)

⁶³) Aufgaben und Möglichkeiten solcher Teamarbeit schildert *A. Levinson / A. Sagi*, Das geistig behinderte Kind. Freiburg/Brg. 1967.

⁶⁴) Als wichtigste Gesichtspunkte hierzu nennt *I. Thomae* die Einordnung in eine Gruppe, die Weckung der Spielfreude, die Förderung der Spielfähigkeit, die Gewöhnung an Umgangsformen, die Schulung der Aufmerksamkeit und Selbständigkeit. *I. Thomae*, Der Sonderkindergarten — seine Aufgabe und Arbeitsweise. (Lebenshilfe 1964)

Dort und bei *Ch. Vogel*, Kindergarten und Elternhaus. (Handbücherei Lebenshilfe Bd. 5. Marburg 1965) Näheres zur Thematik Sonderkindergarten für Geistigbehinderte.

⁶⁵) Die hier zum Thema Sonderschule vorgetragenen Auffassungen sind teilweise eingegangen in die Empfehlungen des Pädagogischen Ausschusses der „Bundesvereinigung Lebenshilfe für das geistig behinderte Kind" und stellenweise durch letztere modifiziert worden (Handbücherei der Lebenshilfe Bd. 6. Marburg 1966). Sie fußen auf *H. Bach*, Grundsätze zur Errichtung von Sonderschulen für praktisch Bildbare. (Zs. f. Heilpäd. 4/1966)

⁶⁶) Legt man höhere Anforderungen zu Grunde wie es z. B. *Williams* (S. 10 siehe Literaturverzeichnis) tut, wird zwangsläufig der schwächere Teil der geistig behinderten Kinder ausgeschlossen, jener Teil also, welcher Erziehungsbemühungen am allernötigsten hat.

⁶⁷) Vgl. hierzu auch Kapitel VII. Allenfalls kann man unter dem genannten Vorbehalte sagen, daß sich die Aufnahme in der Regel auf Schüler beschränken solle, deren Entwicklung- bzw. Intelligenzquotient unter 60 liegt. Vgl. hierzu auch *H. Wegener*, Die Rehabilitation der Schwachbegabten. München/Basel 1963. S. 13ff. und *H. Höss*, Die Sonderschule für geistig behinderte Kinder. (Lebenshilfe 1965)

68) *Berking* (Braunschweig) hat mit Recht alle Versuche als fragwürdig bezeichnet, einen Begriff der Bildungsfähigkeit zu konstituieren, der sog. „Grenzen nach unten" festzulegen versucht.

69) Vgl. hierzu auch *W. Hartschen,* Erziehungs- und Bildungsplan der Sonderschule Solingen (Lebenshilfe 1962) und *H. Höss,* Die Sonderschule für geistig Behinderte (Lebenshilfe 1965) und insbes. Kapitel II.

70) Vgl. hierzu Kapitel IV.

71) Vgl. hierzu *H. Höss,* Die Sonderschule für geistig Behinderte. (Lebenshilfe 1965)

72) Die „Unterrichtsstunden" können an der Unterstufe natürlich höchstens 5 bis 10 Minuten betragen, während sie an der Oberstufe doch gelegentlich 30 bis 40 Minuten umfassen können.

73) Näheres hierzu bei *H. Herzka,* Spielsachen für das gesunde und behinderte Kind. Basel/Stuttgart 1965.

74) Für den Lehrer an einer Sonderschule für Geistigbehinderte ist eine spezielle Ausbildung auf dem Gebiete der Geistigbehindertenpädagogik anzustreben. Für die anderen Erzieher ist eine heilpädagogische Zusatzausbildung notwendig, wobei aus praktischen Erwägungen — sofern sich keine umfänglichere Möglichkeit ergibt — eine berufsbegleitende, fachkundig durchgeführte und möglichst nicht weniger als 400 Stunden umfassende Ausbildung erforderlich erscheint. Als Zulassungsvoraussetzung hierfür sollte die Mittlere Reife und eine abgeschlossene Ausbildung als Kindergärtnerin, Jugendleiterin, Heimerzieherin bzw. eine vergleichbare pädagogische Ausbildung gelten. — Einen Überblick über die gegenwärtig vorhandenen einschlägigen Aus- und Fortbildungsmöglichkeiten: Lebenshilfe 1966, S. 100.

75) Der Begriff „Lehrkraft" deckt sich zwar in seiner pädagogischen Bedeutsamkeit, keineswegs aber in seiner vollen Inhaltlichkeit mit dem gebräuchlichen Begriff im Rahmen traditioneller Schulen. „Lehren" muß hier natürlich anders verstanden werden als „unterrichten" im üblichen Sinne.

76) Näheres hierzu: *E. Maier,* Die schulärztliche Betreuung des geistig behinderten Kindes. (Handbücherei Lebenshilfe Bd. 6. Marburg 1966)

77) In Übereinstimmung mit *H. Höss,* Die Sonderschule für geistig behinderte Kinder. (Lebenshilfe 1965)

78) Vgl. hierzu Anm. 62.

79) Zu dieser Thematik *W. Eller,* Schule und Elternhaus. (Lebenshilfe Handbücherei Bd. 5. Marburg 1965) und *H. Bach,* Schulische Erziehungsberatung. Hannover 1960.

80) Zur Gesamtthematik: Handbücherei Lebenshilfe Bd. 3. Marburg 1963. Ferner *P. Lennig,* Werkstatt und Elternhaus. (Handbücherei Lebenshilfe Bd. 5. Marburg 1965) und: Bundesanstalt für Arbeitsvermittlung und Arbeitslosenversicherung (Hrsg.), Berufe für behinderte Jugendliche. Wiesbaden 1967. S. 284ff.

81) Vgl. hierzu *R. Mittermaier,* Das erste Wohnheim für geistig Behinderte wurde eröffnet. (Lebenshilfe 1966)

82) Näheres bei *F. Stöckmann,* „Lebenshilfe" und „Anstalt" als Partner in der Behindertenhilfe. (Lebenshilfe 1965) und *W. Günther,* Erziehung des geistig behinderten Kindes im Elternhaus oder im Heim? (Lebenshilfe 1966)

[83]) Über die besonderen Möglichkeiten des Heims für Geistigbehinderte: *F. Kolbe,* Anstalt und Heim als Stätten der Lebenshilfe für geistig Behinderte. (Handbücherei der Lebenshilfe Bd. 5. Marburg 1955)

[84]) Dieses Kapitel fußt auf einem Vortrag, der erstmalig im Februar 1963 in Wiesbaden gehalten und in der Zeitschrift Lebenshilfe 1967 veröffentlicht wurde als gekürzte Fassung des in Paris 1966 auf dem Internat. Kongreß der Liga von Vereinigungen zugunsten geistig Behinderter unter dem Thema „Wandel der Familienbelastung angesichts der Entwicklung des geistig behinderten Kindes" gehaltenen Referats.

[85]) *P. S. Buck,* Geliebtes unglückliches Kind. Hamburg/Wien 1952. *M. Egg,* Ein Kind ist anders. 3. Aufl. Zürich 1963.

[86]) Vgl. hierzu auch *A. Levinson, A. Sagi,* Das geistig behinderte Kind. Freiburg/Brg. 1967.

[87]) „Erklären Sie Ihren gesunden Kindern, Ihren Freunden und Nachbarn sachlich und natürlich, was es mit der geistigen Behinderung auf sich hat; sprechen Sie freimütig über die Behinderung Ihres eigenen Kindes." (Handbücherei der Lebenshilfe Bd. 2. Marburg 1962)

[88]) Vgl. hierzu das in Kapitel III Ausgeführte.

[89]) Im Sinne von *P. Moor,* Erziehungsberatung. (Pro infirmis 1943)

[90]) Zum Folgenden: *H. Bach,* Schulische Erziehungsberatung. Hannover 1960.

[91]) Besonders wichtig ist daher die Aufklärung der Geschwister des behinderten Kindes über dessen besonderen Zustand und Pflegebedarf, bevor affektive Spannungen den Blick für das Anderssein erschweren.

[92]) *A. Binet,* Application des méthodes nouvelles au diagnostic du niveau intellectuell chez des enfants normaux et anormaux d'hospice et d'école primaire. Année psychologique. Paris 1905. Bd. 11. p 245—336.

[93]) *C. Bondy,* Neue Testuntersuchungen bei minderbegabten Kindern. (Lebenshilfe 1964)

[94]) In ähnlicher Richtung bemüht sich auch *J. L. Neikes,* Verhaltensbeobachtung und Entwicklungsanalyse als Schlüssel zur Erfassung und Grundlage zur Bildung geistig behinderter Kinder. (Praxis der Kinderpsychologie 1967)

[95]) Vgl. hierzu das in Kapitel I Ausgeführte.

[96]) Vgl. hierzu das in Kapitel III Ausgeführte und *H. Bach,* Schulische Erziehungsberatung. Hannover 1960. S. 144 ff.

[97]) Vgl. hierzu *H. Thomae,* Beobachtung und Beurteilung von Kindern und Jugendlichen. 3. Aufl. Basel 1960. S. 14 ff. sowie *H. Hetzer,* Zur Diagnostik der geistigen Behinderung. (Lebenshilfe 1963) — ferner auch *U. Bleidick,* Das sonderpädagogische Gutachten. Berlin 1966.

[98]) *H. Hetzer,* Entwicklungstestverfahren. 2. Aufl. Lindau 1954.
A. Gesell u. a., Säugling und Kleinkind in der Kultur der Gegenwart. 3. Aufl. Bad Nauheim 1960.
E. A. Doll, The measurement of social competence. (Educational Publishers. Inc. USA 1953)
H. Höss, Die Sonderschule für geistig Behinderte (Lebenshilfe 1965). Heilpädagogische Beurteilung. Entwurf eines Fragebogens — bearbeitet von der Lebenshilfe, Landesverband Berlin. (Lebenshilfe 1964) — Der Erstentwurf des im Folgenden vorgelegten Aufnahmeuntersuchungsbogens wurde 1964 zu einer ersten Erprobung in Umlauf gesetzt und verschiedentlich korrigiert.

Untersuchungen gemäß der hier vorliegenden Fassung im Rahmen verschiedener Erziehungseinrichtungen für Geistigbehinderte führen bei Neuaufnahmen in der überwiegenden Mehrzahl zu befriedigenden Einstufungen. Kontrolluntersuchungen bei bereits länger bekannten Kindern zeigen nahezu durchgängige Übereinstimmung zwischen dem Untersuchungsergebnis und der praktischen (und bewährten) Einstufung der betreffenden Kinder.

[99]) Eine Ergänzung der hier vorgelegten Bogen durch einen ärztlichen Untersuchungsbogen ist unerläßlich.

[100]) *C. Bondy*, Probleme der Jugendhilfe. Köln/Berlin 1957. S. 44.

[101]) fußend auf einem 1957 für die Erziehungsberatungsstelle des Heilpädagogischen Instituts der Pädagogischen Hochschule Hannover entworfenen Anamnesebogen.

[102]) Vgl. hierzu *H. Bach*, Schulische Erziehungsberatung. Hannover 1960. S. 133 ff.

[103]) Die folgenden Absätze sind z. T. entnommen aus *H. Bach*, Heilpädagogik. (Enzyklopäd. Handbuch der Sonderpäd. Berlin 1965ff.) und aus *H. Bach*, Die Unterrichtsvorbereitung. 7. Aufl. Hannover 1967.

[104]) Vgl. hierzu *T. Mutters*, Öffentliche und private Institutionen zur Hilfe für Eltern geistig behinderter Kleinkinder. (Pädiatrie und Pädologie 1966. S. 258)

[105]) Eine Zusammenstellung gibt *Th. Dierlamm*, Rechtliche Grundlagen der Sonderschule für geistig Behinderte. (Zs. f. Heilpäd. 1966)

[106]) Der folgende Gedankengang wurde erstmalig 1963 in Mainz unter dem Thema „Die Bedeutung der Heilpädagogik in der geistigen Situation der Gegenwart" vorgetragen.

[107]) „Niemand ist mehr sicher, wenn die Schranke zwischen Leben und Tod niedergerissen ist." *P. S. Buck*, Was sie uns schenken — Was wir den geistig Behinderten schulden. (Lebenshilfe 1966)

Vgl. zu dieser Thematik auch *H. Ehrhardt*, Euthanasie und Vernichtung „lebensunwerten" Lebens. Stuttgart 1965.

Literaturverzeichnis

Asperger, H., Heilpädagogik. 3. Aufl., Wien 1961

Atzesberger, M., Sprachaufbauhilfe bei geistig behinderten Kindern. Berlin 1967

Bach, H., Heilpädagogik (Enzykl. Handbuch der Sonderpäd. Berlin 1965 ff.)

—, Schulische Erziehungsberatung, Hannover 1960

—, Die Unterrichtsvorbereitung. 7. Aufl. Hannover 1967

—, Werken unter heilpädagogischem Aspekt. (Zs. f. Heilpädagogik 1965)

Ballauff, Th., Systematische Pädagogik. Heidelberg 1962

Berna, J., Erziehungsschwierigkeiten und ihre Überwindung. 2. Aufl. Bern/Stuttgart 1959

Beschel, E., Der Eigencharakter der Hilfsschule. 3. Aufl. Weinheim 1965

Biesalski, P., Die Behandlung von Hör- und Sprachstörungen bei geistig behinderten Kindern. (Lebenshilfe 1966)

Bleidick, U., Das sonderpädagogische Gutachten. Berlin 1966

—, Sonderschulen für geistig Behinderte. (Enzykl. Handbuch der Sonderpädagogik 1965 ff.)

—, Das Ziel der Heilerziehung. (Zs. f. Heilpädagogik 1959)

—, Die Ausdrucksdiagnose der Intelligenzschwäche. München/Basel. 2. Aufl. 1966

Bochinger, R., Hilfe für das geistig behinderte Kind. Stuttgart 1967

Bollnow, O. F., Die pädagogische Atmosphäre. Heidelberg 1964

Bondy, C., Neue Testuntersuchungen an minderbegabten Kindern. (Lebenshilfe 1964)

Bopp, L., Allgemeine Heilpädagogik. Freiburg 1930

Bornemann, E. u. a., Pädagogik der Strafe. Freiburg/Basel/Wien 1967

v. Bracken, H., Entwicklungsgestörte Jugendliche. München 1965

Brandt, G., Religiöse Erziehung. (Handbücherei der Lebenshilfe Bd. 6. Marburg 1966)

Breitenmoser, A., Sexuelle Frage und „Lieben lernen". (Lebenshilfe 1964)

Buck, P. S., Was sie uns schenken — Was wir den geistig Behinderten schulden. (Lebenshilfe 1966)

—, Geliebtes unglückliches Kind. Hamburg/Wien 1952

Bürkner, G. u. *Günter, T.*, Beschäftigung des Kleinkindes. Wolfenbüttel 1961

Bundesanstalt für Arbeitsvermittlung und Arbeitslosenversicherung (Hrsg.), Berufe für behinderte Jugendliche. Wiesbaden 1967

Bundessozialhilfegesetz, München/Berlin 1962

Buschmann, P., Religiöse Erziehung. (Handbücherei der Lebenshilfe Bd. 6. Marburg 1966)

Busemann, A., Psychologie der Intelligenzdefekte. 2. Aufl. München/Basel 1963

Dierlamm, Th., Rechtliche Grundlagen der Sonderschule für geistig Behinderte. (Zs. f. Heilpädagogik 1966)

Dinstuhl, Fr., Freude und Frohsinn — Ein Hilfsbuch für den Unterricht in Leibeserziehung an Sonderschulen. Berlin 1964

Doll, E. A., The measurement of social competence. Educational Publishers. Inc. USA. 1953

Dührssen, A., Psychotherapie bei Kindern und Jugendlichen. 2. Aufl. Göttingen 1963

Dybwad, G., Erfahrungen in der Beratung der Eltern geistig behinderter Kinder in den USA. (Handbücherei der Lebenshilfe Bd. 5. Marburg 1965)

Egg. M., Andere Menschen, anderer Lebensweg. Zürich 1966

—, Die heilpädagogische Hilfsschule der Stadt Zürich. Zürich 1953

—, Das geistesschwache Kind daheim und in der Schule. Zürich 1956

—, Ein Kind ist anders. 3. Aufl., Zürich 1963

—, Andere Kinder — andere Erziehung. Zürich 1965

Ehrhardt, H., Euthanasie und Vernichtung „lebensunwerten" Lebens. Stuttgart 1965

Eller, W., Schule und Elternhaus. (Handbücherei der Lebenshilfe Bd. 5. Marburg 1965)

Engelmann, W., Differenzierungsübungen mit Farblegespielen. (Lebenshilfe 1964)

Ennen, G., Intellektuelle Erziehung. (Handbücherei der Lebenshilfe Bd. 6. Marburg 1966)

Geißler, E., Erziehungsmittel. Bad Heilbrunn 1967

Gesell, A. u. a., Säugling und Kleinkind in der Kultur der Gegenwart. 3. Aufl. Bad Nauheim 1960

—, Das Kind von 5 bis 10. 4. Aufl. Bad Nauheim 1962

Giehr, E., Erziehungsberatung — eine Hilfe für das geistig behinderte Kind. (Handbücherei der Lebenshilfe Bd. 5. Marburg 1965)

—, Ambulante Erziehungshilfe für das geistig behinderte Kind. (Handbücherei der Lebenshilfe Bd. 1. Marburg 1962)

Glathe-Seifert, B., Rhythmik für Kinder. Wolfenbüttel o. J.

Günther, W., Über die Pubertät des geistig Behinderten. (Lebenshilfe 1964)

—, Erziehung des geistig behinderten Kindes im Elternhaus oder im Heim? (Lebenshilfe 1966)

Gutachten zur Ordnung des Sonderschulwesens. Erstattet vom Schulausschuß der Ständigen Konferenz der Kultusminister der Länder der Bundesrepublik Deutschland. Hamburg 1960

Hanselmann, H., Einführung in die Heilpädagogik. 6. Aufl. Zürich 1962

—, Heilpädagogische Behandlung geistesschwacher und psychopathischer Kinder. (Lehrbuch der Psychopathologie des Kindesalters.) Erlenbach-Zürich, Leipzig 1938

Harbauer, H., Vorbeugung, Früherfassung und Behandlungsvorschläge bei kindlichem Schwachsinn. (Informationsschrift 22 der Bundesvereinigung Lebenshilfe für das geistig behinderte Kind. Marburg 1967)

—, Erziehungsfehler bei geistig Behinderten in der Sicht des Arztes. (Lebenshilfe 1965)

Hartschen, W., Erziehungs- und Bildungsplan für die Sonderschule Solingen. 1. und 2. Teil. Lebenshilfe 1962)

Heinen, B., Die Früherfassung geistig behinderter Kinder aus sozialer, religiösethischer und juristischer Sicht. Lebenshilfe Handbücherei Bd. 4. Marburg 1964)

—, Achtung vor dem Leben. (Lebenshilfe 1966)

Herzka, H., Spielsachen für das gesunde und behinderte Kind. Basel/Stuttgart 1964

Hetzer, H., E. Giehr, Ambulante Erziehungshilfe für geistig behinderte Kinder — Wertvolle Erfahrungen aus einem Sonderkindergarten. (Lebenshilfe 1962)

—, Das Spiel geistig behinderter Kinder. (Lebenshilfe 1967)

—, Entwicklungstestverfahren. 2. Aufl. Lindau 1954

—, Zur Diagnostik der geistigen Behinderung. (Lebenshilfe 1963)

Hils, K., Formen in Ton. Kassel 1950

Hoejenbos, E., Spiel und Spieltherapie bei geistig behinderten Kindern. (Lebenshilfe 1965)

Hoellering, A., Zur Theorie und Praxis der rhythmischen Erziehung. Berlin 1966

Höss, H., Die Sonderschule für geistig behinderte Kinder. (Lebenshilfe 1965)

—, Leibeserziehung. (Handbücherei der Lebenshilfe Bd. 6. Marburg 1966)

—, Musische Erziehung. (Handbücherei der Lebenshilfe Bd. 6. Marburg 1966)

Hünnekens, H. u. E. Kiphard, Psychomotorische Übungsbehandlung. (Lebenshilfe 1965)

—, Bewegung heilt. 2. Aufl. Gütersloh 1963

Josef, K., Erziehung zur Gruppenfähigkeit bei geistiger Behinderung. (Lebenshilfe 1964)

—, Der Aufbau von Gruppen und Gruppenstrukturen bei geistig Behinderten. (Lebenshilfe 1965)

—, Musik als Hilfe in der Erziehung geistig Behinderter. Berlin 1967

Kaiser, E., Das Werkjahr der Stadt Zürich. Zürich 1962

Kanter, G., u. T. Lautemann, Das Prinzip der kleinsten Schritte. (Lebenshilfe 1964)

Katein, W., Die Sonderschule für geistig behinderte Kinder aus der Sicht der Schulverwaltung. (Handbücherei der Lebenshilfe Bd. 6. Marburg 1966)

Kirk, S. A. u. G. O. Johnson, Die Erziehung des zurückgebliebenen Kindes. München/Basel 1964

Kitz, G., Das Bauen des Kindes. Ravensburg 1950

Klauer, K. J., Lernbehindertenpädagogik. Berlin 1966

Kolbe, F., Anstalt und Heim als Stätten der Lebenshilfe für geistig Behinderte. (Handbücherei der Lebenshilfe Bd. 5. Marburg 1965)

König, K., Der Mongolismus. Stuttgart 1959

Köttgen, U., Aufgaben des Arztes bei der Früherfassung geistig behinderter Kinder. (Lebenshilfe 1962)

Langeveld, M. J., Kind und Jugendlicher in anthropologischer Sicht. Heidelberg 1959

Lennig, P., Werkstatt und Elternhaus. (Handbücherei der Lebenshilfe Bd. 5. Marburg 1965)

Levinson, A., u. A. Sagi, Das geistig behinderte Kind. Freiburg/Brg. 1967

Lesemann, G., Lebendige Krücken. 2. Aufl., Berlin 1963

Litt, Th., Führen oder Wachsenlassen. 2. Aufl. Berlin/Leipzig 1929

Lutz, J., Kinderpsychiatrie. 2. Aufl. Zürich/Stuttgart 1964

Maier, E., Die schulärztliche Betreuung des geistig behinderten Kindes. (Handbücherei der Lebenshilfe Bd. 6. Marburg 1966)

Mattheis, R., Früherfassung geistig behinderter Kinder — praktische Möglichkeiten und Wege. (Handbücherei der Lebenshilfe Bd. 4. Marburg 1964)

Mittermaier, R., Lebenshilfe in der Beschützenden Werkstatt (Handbücherei der Lebenshilfe Bd. 3. Marburg 1963)

—, Das erste Wohnheim für geistig Behinderte wurde eröffnet. (Lebenshilfe 1966)

Moor, P., Heilpädagogische Psychologie. Bd. 1. 2. Aufl. Bern/Stuttgart 1960. Bd. 2. 2. Aufl. Bern/Stuttgart 1965

—, Heilpädagogik. Bern/Stuttgart 1965

—, Erziehungsberatung. (Pro infirmis 1943)

—, Notwendigkeit und Möglichkeiten der Erziehung und Bildung geistig behinderter Kinder. (Lebenshilfe 1964)

Müller, W.-J., Spracherziehung (Handbücherei der Lebenshilfe Bd. 6. Marburg 1966)

Mutters, T., Die soziale Notwendigkeit der Beschützenden Werkstatt. Handbücherei der Lebenshilfe Bd. 3. Marburg 1963)

—, Lebenshilfe für geistig Behinderte. (Enzykl. Handbuch der Sonderpädagogik. Berlin 1965 ff.)

—, Öffentliche und private Institutionen zur Hilfe für Eltern geistig behinderter Kleinkinder. (Pädiatrie und Pädologie 1966)

Nauck, W., Entsprechen nicht-schulische Betreuungsstätten für nicht sonderschulfähige, aber praktisch bildbare Kinder deren gesetzlich zugesichertem Bildungsanspruch und ihrer erwiesenen Bildbarkeit? (Zs. f. Heilpädagogik 1963)

Neikes, J. L., Verhaltensbeobachtung und Entwicklungsanalyse als Schlüssel zur Erfassung und Grundlage zur Bildung geistig behinderter Kinder. (Praxis der Kinderpsychologie 1967)

Pekny, L., Fingermalen beim geistig behinderten Kind. (Lebenshilfe 1965)

—, Fingermalen als diagnostisches und therapeutisches Hilfsmittel in der Heilpädagogik. Luzern 1963

Pestalozzi, J. H., Schwanengesang

—, Stanser Brief

Pfeffer, Ch., Psychomotorische Heilerziehung. (Lebenshilfe 1962)

—, Wie man die Handgeschicklichkeit des Kindes fördert. (Lebenshilfe 1962)

—, Gang und Haltung unseres Kindes. (Lebenshilfe 1963)

—, Schauen und Greifen. (Lebenshilfe 1963)

—, Beschützende Werkstätten und Psychomotorik. (Lebenshilfe 1965)

—, Bewegung — aller Erziehung Anfang. Zürich o. J.

Reichenbach, P., Die Erziehung des mongoloiden Kindes. Heidelberg 1961

Rett, A., Das hirngeschädigte Kind — seine klinische und menschliche Problematik. (Handbücherei der Lebenshilfe Bd. 4. Marburg 1964)

Schilling, A. u. D. Schmidt-Thimme, Hilfen bei verzögerter Sprachentwicklung. (Lebenshilfe 1962)

Schomburg, E., Der Bildungsanspruch des geistig behinderten Kindes. (Handbücherei der Lebenshilfe Bd. 1. Marburg 1962)

—, Häusliche Erziehung bei geistig Behinderten. (Enzykl. Handbuch der Sonderpäd. Berlin 1965)

—, Die Sonderschulen in der Bundesrepublik Deutschland. Berlin/Neuwied 1963

Schlaich, L., Von den Anfängen der Hilfe für geistig Behinderte. (Lebenshilfe 1964)

Shave, M., Aus dem Leben eines geistig behinderten Kindes. Heilpädagogische Schriftenreihe 2. Hannover 1961

Sondersorge, K. u. H. Barth, Die Erfassung geistig behinderter Kinder in einem Landkreis. (Lebenshilfe 1963)

Stöckmann, F., Zum Problem der Fürsorge und Behandlung geistig behinderter Kinder. (Praxis der Kinderpsychologie 1963)

Stöckmann, F., „Lebenshilfe" und „Anstalt" als Partner in der Behindertenhilfe. (Lebenshilfe 1965)

Stutte, H., Die sogenannte medizinische Erziehbarkeit im JWG. (Recht der Jugend 1965)

Tausch, R. u. *A.,* Erziehungspsychologie. 2. Aufl. Göttingen 1965

Tauscher, H. (Hrsg.), Die rhythmisch-musikalische Erziehung in der Heilpädagogik. Berlin 1964

Thomae, H., Beobachtung und Beurteilung von Kindern und Jugendlichen. 3. Aufl. Basel 1964

Thomae, J., Zusammenarbeit mit den Eltern — Elternschule. (Handbücherei der Lebenshilfe Bd. 4. Marburg 1964)

—, Der Sonderkindergarten — seine Aufgabe und Arbeitsweise. (Lebenshilfe 1964)

Trost, F., Die Erziehungsmittel. Weinheim 1966

Vetter, Th., Ambulante Betreuung geistig behinderter Kinder. (Praxis der Kinderpsychologie 1963)

—, Das geistig behinderte Kind seine Bildung und Erziehung. Villingen 1966

Vogel, Ch., Kindergarten und Elternhaus. (Handbücherei der Lebenshilfe Bd. 5. Marburg 1965)

Wallat, A., Musische Bildung ist lebensnotwendig. (Lebenshilfe 1962)

—, Wir malen. (Lebenshilfe 1963)

Wegener, E., Die Rehabilitation der Schwachbegabten. München/Basel 1963

Wellek, A., Die Polarität im Aufbau des Charakters. Bern 1950 (3. Aufl. 1966)

Wewetzer, K. H., Das hirngeschädigte Kind. Stuttgart 1959

Williams, H. M., Zur Phänomenologie und Klassifikation geistig behinderter Kinder. (Williams u. a., Das geistig behinderte Kind in der Sonderschule. Berlin 1966)

Winkler, H., Formen mit Ton in heilpädagogischer Sicht. (Lebenshilfe 1965)